# 网店
# 运营与管理

耿翠花 ■ 主　编

蒋　博 ■ 副主编

清华大学出版社
北京

## 内 容 简 介

本书以工作任务为中心组织课程内容,通过具体项目构建学习单元,依据具体工作任务需求介绍相关的理论知识,逐步拓展职业岗位的能力,既满足高职教育对职业技能的要求,又包含相关理论知识的学习,还兼顾了职业资格证书考试所需知识与技能的学习。本书共分为 6 个项目,包括运营策划、网店设计与装修、网店推广与流量引入、网店物流管理、客户服务管理、运营数据分析。

本书可作为高等职业院校电子商务类专业的教材,也可作为网店运营从业人员的参考用书。

**图书在版编目(CIP)数据**

网店运营与管理/耿翠花主编.—北京:清华大学出版社,2024.2
ISBN 978-7-302-65169-7

Ⅰ.①网… Ⅱ.①耿… Ⅲ.①网店—运营管理 Ⅳ.①F713.365.2

中国国家版本馆 CIP 数据核字(2024)第 032614 号

责任编辑:强　溦
封面设计:曹　来
责任校对:李　梅
责任印制:宋　林

出版发行:清华大学出版社
　　网　　　址:https://www.tup.com.cn,https://www.wqxuetang.com
　　地　　　址:北京清华大学学研大厦 A 座　　　邮　　编:100084
　　社 总 机:010-83470000　　　邮　　购:010-62786544
　　投稿与读者服务:010-62776969,c-service@tup.tsinghua.edu.cn
　　质量反馈:010-62772015,zhiliang@tup.tsinghua.edu.cn
　　课件下载:https://www.tup.com.cn,010-83470410
印 装 者:三河市人民印务有限公司
经　　销:全国新华书店
开　　本:185mm×260mm　　　印　张:11.75　　　字　数:252 千字
版　　次:2024 年 4 月第 1 版　　　印　次:2024 年 4 月第 1 次印刷
定　　价:48.00 元

产品编号:104857-01

# 前　言

　　党的二十大报告指出,加快发展数字经济,促进数字经济和实体经济深度融合,打造具有国际竞争力的数字产业集群。随着全国大众创业、万众创新以及供给侧改革的推进,我国中小企业纷纷进行转型升级,一方面利用新兴技术提升自身效率;另一方面利用互联网扩大电子商务市场。因此,各类企业对掌握电子商务网店运营与管理技能的人才需求与日俱增。网店运营与管理是高等职业院校电子商务类专业的核心课程之一,该课程的主要功能是训练和培养学生利用主流电商平台,从事网店建设与运营的实践能力。该课程的学习可以为学生走向社会,从事与网店经营相关的工作打下坚实的基础。与该课程相关的前导课程有电子商务概论、市场营销、网店美工等,后续课程有网络营销、电子商务物流、视觉营销、数据化营销等。

　　本书打破了传统课程的教学模式,以工作任务为中心组织课程内容,通过具体项目构建学习单元,依据具体工作任务需求介绍相关的理论知识,逐步拓展职业岗位的能力。本书在调研网店运营与管理相关岗位工作任务和职业能力的基础上,根据网店运营与管理课程标准,以工作任务为主线,以学生为主体,采用工学结合、任务驱动、项目教学的模式进行编写。

　　本书主要以淘宝平台为依托,以网店运营与管理为核心,系统、全面地介绍了开店、装修、推广等工作的基本方法和技巧。本书沿着"运营策划→网店设计与装修→网店推广与流量引入→网店物流管理→客户服务管理→运营数据分析"这一路径展开分析与实践,每个项目以完成相关工作岗位任务为目标进行设计。本书内容的组织重点突出对目标职业能力的训练,理论知识的选取则紧紧围绕工作任务的需求进行,既满足高职教育对职业技能的要求,又包含相关理论知识的学习,还兼顾了职业资格证书考试所需知识与技能的学习。

　　本书配套丰富的教学资源,并配套微课资源和动画资源。本书可作为高等职业院校电子商务类专业和其他经济管理类专业网店运营与管理课程的教材,也可作为电子商务培训班的教学用书,以及网店创业人员和电商企业基层人员的自学用书。

本书由安徽水利水电职业技术学院耿翠花担任主编,陕西职业技术学院蒋博担任副主编,具体编写分工如下:安徽国际商务职业学院陈文婕编写项目一,陕西职业技术学院李倩雯编写项目二,安徽水利水电职业技术学院郭伟编写项目三,陕西职业技术学院蒋博和安徽水利水电职业技术学院耿翠花编写项目四,成都工业职业技术学院李美清和安徽水利水电职业技术学院耿翠花编写项目五,安徽交通职业技术学院方晶晶编写项目六。

由于网店运营仍在不断变化和发展,加之编者水平有限,书中难免存在不足之处,敬请广大读者批评、指正。

编　者
2024 年 1 月

# 目　录

# 项目一　运营策划

### 知识目标

1. 熟悉市场分析和竞争对手分析。
2. 掌握开店前的各项准备工作。
3. 掌握目标用户画像的方法。

### 技能目标

1. 能够对具体类目进行市场分析。
2. 能够描绘出店铺的目标用户画像。
3. 能够制定合理的运营策略,独立完成竞争对手分析,确定网店定位。

### 素质目标

1. 树立正确的网店运营观,树立服务社会、服务地方的意识。
2. 弘扬"敬业、诚信"的社会主义核心价值观。

### 思维导图

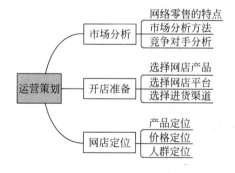

# 任务一　市场分析

## 任务引入

### 蓬勃发展的大健康市场

近年来,随着"健康中国"理念上升为国家战略,一系列扶持、促进健康产业发展的政策紧密出台,大量投资正加速涌入大健康领域,健康产业的投资、并购日益频繁。

与此同时,健康企业的数量、产品的种类不断增多,健康产业的整体容量、涵盖领域、服务范围不断扩大,正呈现出市场与政策双轮驱动的格局。

随着"健康中国"战略全面推进,我国的大健康产业成为蕴藏着丰富能源的商业蓝海,预计到2030年,我国大健康产业规模将达16万亿,是目前市场的3倍。未来的大健康产业,是从治疗转化到预防,是倡导一种健康的生活方式,"防大于治,防重于治"的生命质量管理被视为万亿蓝海市场。

(资料来源:深圳恩典生命植物智能.大健康产业发展现状及趋势[EB/OL].[2023-9-23].https://baijiahao.baidu.com/s?id=17777970811548777787&wfr=spider&for=pc)

**思考:**如果你是一个想要经营网店的创业者,应如何挖掘大健康产业,要考虑哪些要素?

微课:走进
网店运营

# 知识准备

## 一、网络零售的特点

### 1. 价格更低

传统企业的运营成本(如场地租金、人员工资等)逐年升高,减少了整体运营利润。而网店既不需要场地租赁和众多的销售员工,也不需要仓储和物流等复杂的中间环节,可以省去很大一笔费用,商家可把这些节省的成本用于回馈消费者,降低商品价格,使价格具有竞争优势。

### 2. 效率更高

以前消费者购物要去超市或商场,在不同门店进行比价,买完才能返回住所,而网上购物不需要来回的路程时间消耗,比价也可以在网上一键操作,简单高效、省时省力。

### 3. 打破地域和时间限制

传统购物要发生在消费者能到达的地理区域,有地域限制,而网上购物可以采购其他地区的商品,远近皆宜。传统的购物消费一般需要拿出较长一段时间,而网上购物时间更灵活,消费者可以利用碎片化的时间,更随心所欲。

## 二、市场容量分析

### 1. 市场容量的概念

市场容量是指一个特定市场在一定时期内可以容纳的消费者数量以及其购买的

商品或服务的总金额。市场容量从规模上来看可以分为总体市场容量和区域市场容量。

1) 总体市场容量

总体市场容量反映了一个市场的总规模和发展趋势。对于总体市场容量的分析,企业需要关注以下方面。

(1) 市场规模:了解当前市场的总规模以及过去几年的增长率。

(2) 消费者群体:了解消费者的数量、年龄、性别、地域分布以及消费水平。

(3) 消费趋势:通过市场调查和数据分析,了解消费者的购买习惯和消费趋势,如线上购物、品牌选择、区域市场容量等。

2) 区域市场容量

区域市场容量是指在不同地区的市场容量。企业在分析区域市场容量时,需要关注以下方面。

(1) 市场规模:了解每个地区的市场规模和增长趋势。

(2) 消费者特点:了解不同地区消费者的需求、消费习惯和购买力。

(3) 竞争格局:分析不同地区的竞争对手及其市场份额,以便制定更加精准的营销策略。

## 2. 市场容量分析

市场容量分析可以帮助企业了解市场上的机会和潜在的竞争对手,了解市场的规模、增长趋势及消费者需求。通过考虑人口统计数据、消费者收入水平、文化因素、政府政策等因素,企业可以制定更加精准的营销策略,开发更适合市场需求的产品,提高销售和利润。

以下是市场容量分析的几个关键步骤。

1) 确定目标市场

企业要确定想进入的目标市场,依据行业特征、消费习惯、地理位置、文化差异等条件全面考虑,找到最适合自己的市场。

2) 估计市场规模和市场份额

市场规模是指整个市场容量的大小。企业需要了解当前市场中有多少人口,有多少家庭,以及消费水平如何,计算出市场规模。市场份额是指企业在市场规模中占据的比例。企业需要估计自己的产品在市场中的潜在销售额,计算出自己所占的市场份额。

3) 了解需求和趋势

企业需要了解目标市场的消费者需求和趋势,这可以通过市场研究、调查、访问等方式来完成。比如,了解消费者对产品性能、价格、品牌、服务等因素的关注程度,了解消费者的购买习惯和渠道,即可为企业制定适合市场的营销策略提供参考。

4）研究竞争对手

企业还需要研究目标市场的竞争对手,了解市场上已有的产品,预测未来可能出现的竞争对手,以便制定更好的策略。

5）考虑其他因素

企业还需要考虑一些其他因素,如市场运作环境、政治因素、法律法规等。这些因素可能影响市场容量和销售额,也应该被纳入分析范围中。

在市场容量分析的过程中,企业需要积极收集信息,并利用数据进行精准计算,而不是凭感觉或猜测做出决策。通过精确的市场容量分析,企业可以更好地了解市场机会和潜在风险,制定出适合市场的销售策略,增加销售收入并提高利润。

# 三、市场需求分析

随着互联网的发展和网购的普及,网购用户的增长趋势逐渐放缓。在消费升级的市场环境下,消费者对商品品质及商品个性化的要求越来越高,越来越看重购物体验。网上购物发展日益成熟,各电商平台除了继续扩充品类、优化售后服务和物流服务外,也在积极发展跨境网购、农村电商。

随着电商零售市场的渗透率不断提高,电商对经济发展越来越重要,各行业电商化的步伐越来越快。电商零售在带来便利的同时,也在改变人们的消费习惯。线上消费影响的群体越来越多,原本习惯于线下消费的人群也在电商零售潮流中有了更多的选择。

市场需求分析是指估计市场规模及商品潜在需求量。商家可以通过工具进行市场需求分析,下面主要介绍百度指数和生意参谋两种工具。

## 1. 百度指数

百度指数作为一款基于百度网民搜索行为的数据分析工具,一方面可以对关键词搜索趋势进行分析,另一方面可以深度挖掘舆情信息、市场需求、用户画像等方面的数据。

通过百度指数,商家可以了解某个关键词在百度的搜索规模、一段时间内关键词搜索规模的增减态势、相关的新闻舆论变化,以及关注关键词的网民是什么样的、分布在哪里、同时搜索了哪些相关的词。通过百度指数,商家能够获得阶段性的用户关注对象以及媒体关注对象,把握市场趋势以及方向,了解某行业在当地市场所占的份额。例如,对天猫"手机/数码/办公用品"类目中的"热门手机"子目录关键词"小米、iPhone、三星、华为、魅族"进行搜索指数分析,可以初步判断相关市场规模,如图 1-1 所示。

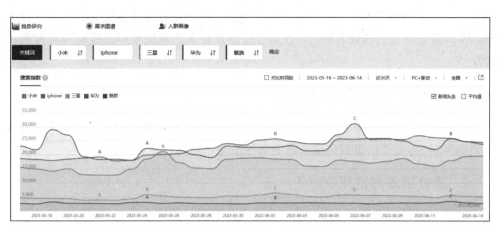

图 1-1　搜索指数分析

## 2. 生意参谋

通过生意参谋,商家可以了解特定类目的市场情况。例如,在生意参谋的"市场"板块中,可以查看市场大盘、市场排行、搜索排行、搜索人群等数据,如图 1-2 所示;在生意参谋的"竞争"板块中,则可分析竞店数据、竞品数据、品牌数据等。商家可以通过"市场"和"竞争"板块的数据分析行业市场需求情况。

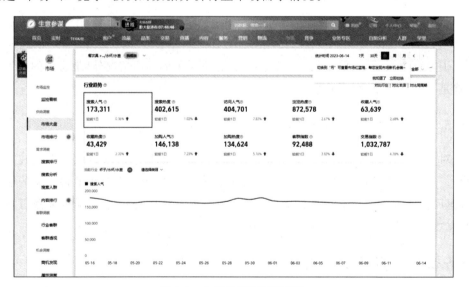

图 1-2　生意参谋"市场"板块

# 四、竞争对手分析

竞争对手分析又称竞争者分析,是战略分析方法之一,是指对竞争对手的现状和未来动向进行分析。其内容包括:①识别现有的直接竞争者和潜在竞争者;②收集

5

与竞争者有关的情报并建立数据库；③对竞争者的战略意图和各层面的战略进行分析；④识别竞争者的长处和短处；⑤洞察竞争者在未来可能采用的战略和可能做出的反应。

### 1. 通过关键词确定竞争对手

以淘宝网为例,在搜索与店铺商品最符合的关键词后,可以按照店铺客单价精确找到竞争对手,也可以根据店铺商品的属性进一步精确找到竞争对手。

### 2. 通过销量圈定竞争对手

网店可根据自家商品的平均销量圈定几家和自己店铺客单价和销量相近的卖家作为竞争分析的对象。可以以销量为维度,在淘宝搜索页面找出相关卖家,然后找到自家店铺商品所在的排名,圈定与自己店铺商品前后排名接近的几家店铺,将其作为竞争对手进行分析。

### 3. 通过推广活动确定竞争对手

对竞争对手产品的推广活动进行全面的分析,不管是淘宝客、关键词、直通车,还是其他活动,都能尽收眼底。

### 4. 通过详情页做竞争对手分析

锁定竞争对手后,除了用一些软件了解竞争对手的推广情况外,最直观的了解方式就是点击竞品观察详情页和买家评论。

### 5. 从评价分析竞争对手

对竞争对手的买家评论进行分析,是了解店铺目标客户需求点的一个比较好的途径。通过对竞品评论的分析,可以发现买家最在意的是什么。在了解买家的需求后,再回过头看看自己店铺中的评论,以此判断自己店铺的产品有哪些是做得不好的,有哪些是做得不错、可以继续保持的。

## 任务操作：竞争对手分析

假设你开了一家销售母婴产品的网店,请进行竞争对手分析,具体步骤如下。

步骤一：选取关键词定位竞争对手,写出选取的关键词。

步骤二：根据销量圈定竞争对手,写出步骤。

步骤三：根据推广活动确定竞争对手,写出选择的推广活动。

步骤四：通过详情页做竞争对手分析,对比差异。

步骤五：从评价分析竞争对手,找出优势与劣势。

# 任务评价

| 班　级 | | 姓　名 | | 日　期 | |
|---|---|---|---|---|---|
| 任务名称 | 竞争对手分析 | | | | |
| 知识要点 | （1）准确进行市场容量分析；<br>（2）准确进行市场需求分析；<br>（3）准确进行竞争对手分析 | | | | |
| 实践过程记录 | | | | | |
| 一、学习记录 | | | | | |
| 二、反思改进 | | | | | |
| 评分 | 自评（30％） | 互评（40％） | 师评（30％） | 总成绩 | |
| 成绩 | | | | | |
| 评阅人 | | | | | |

# 任务二　开　店　准　备

## 任务引入

### 开网店卖鲜花

　　23岁的小张大学毕业后,打算自己创业。经过考虑,他决定从成本低、起步容易的项目做起。对鲜花市场进行了解之后,他打算注册一家淘宝鲜花店铺——换一种方式卖花,做鲜花速递项目。要想把项目做大,一个人单打独斗肯定不行,小张想到了当时正在经营两家网店的大学好友小郭。

小郭有两家网店,一家做东北特产,另一家做进口零食。不过在他看来,同类网店市场上有很多,而周边城市的鲜花速递市场空间却很大。每逢节假日,在外的孩子向家人传递想念或异地情侣表达爱意,送鲜花都是不错的选择。小郭很乐意与小张一起联手经营鲜花网店。

起初,如果有客户下单,他们就在附近买一束花,再乘公交车送过去。后来,他们想自己学习包装花束,进一步降低成本。于是,他们和花店老板商量免费在店里打工,向花艺师学习如何搭配鲜花和包装花束。他们在淘宝店铺首页的显眼位置标注了"三不签收"原则:不满意不签收,不漂亮不签收,不新鲜不签收。客户签收后,他们会打回访电话询问客户是否满意。

为了吸引回头客,他们制定了一套 VIP 服务,客户累计消费越多,折扣力度越大。目前,客户中有 50% 是回头客。凭借降低成本、注重细节的营销方式,网店经营第一年就赚了 20 多万元。

**思考:**网上开店可以节省开店成本,但目前市场竞争较为激烈,要想提高店铺销量,应该如何为店铺选品?

## 知识准备

## 一、根据市场调查分析,确定产品种类

略懂市场营销的人可能经常在业界听到这样一句话:"有需求就有市场,有需要就有客户。"仔细地体会这句话,不难看出,只有产品在市场上有需求的时候,才会有客户;反过来说,当产品不为市场和众人所接受时,将会面临滞销的局面,所以产品定位是很重要的。因此,要掌握如何定位产品以及如何选对、选好产品。这包括了很多应该了解和掌握的市场营销知识和其他专业知识,如产品的价格、产品的外形、产品对应的文化、产品的品种、产品的市场前景等,应重点关注以下三个方面。

### 1. 锁定目标消费群

在考虑经营什么产品的时候,一定要确定目标消费群,从他们的需求出发。目前主流网民有两大特征:一是年轻化,以娱乐为主要上网目的,学生群体占相当大的比重;二是上班族,白领化或者准白领化。

网上经营产品与实体店的经营略有不同。虽然电子商务比较流行,但是依然有很多人对网上购物的安全性存在疑虑,担心上当受骗。因此目前在网上购物的消费群体大部分是年轻人,他们追求时尚、潮流。相对来说,中年人和老年人,尤其是 60 岁以上的人很少在网上购物。所以,如果在网上经营老年人用品,其效果会远远不如经营年轻人消费的产品。因此,必须选好目标消费群体,优先考虑经营年轻人的用品。另外,如果愿意花更多的时间,可以将这个范围进一步缩小,将市场进一步细分,确定到底是哪个年龄段的年轻人更喜欢在网上进行购物,这样目标消费群会加明晰,可以为后续的产品定位工作打下更坚实的基础。

**课堂笔记**

### 2. 确定产品的价格,从而更有目标地定位产品

产品价格定位是至关重要的一项决策。一般情况下,消费群体决定产品价格范围。例如,年轻人的服装一般融合了时尚、流行、潮流等多样化的元素,对服装厂来说,设计师要花时间和精力设计出一些当下流行的衣服,成本相对老年人的衣服来说会更高些。

当然,年轻人的用品不仅是服装,还有玩游戏时用的游戏卡、点卡等。另外,年轻人很喜欢在网上充值。卖家要根据自己的消费层和大致价格范围将目标产品价格范围进一步缩小。比如,欲经营的产品价格范围是 50~60 元,那么平时就应该多留心观察那些价格为 50~60 元的比较畅销的产品。

### 3. 收集信息,定位目标产品

在定位产品之前要做的事情很多,其中,收集市场信息是非常重要的。如果产品定位不准,产品选得不好、选得不对,就算做足了其他工作,产品的销量也上不去。产品不好,客户不接受,没有人买,即使售后服务再好,沟通再到位,上下架时间把握得再好,也无济于事。换句话说,只有产品是一个有潜力的产品,是为大众所接受的、所需要的产品,是一个有需求的、有市场的产品,才会受到客户欢迎,才会有人购买。

 **明确市场调研的目的**

调研内容:网络零售市场环境、网上消费者信息、网上产品信息、网络中的竞争者、网络中的合作者

目标:①哪些人群经常进行网上购物,这些人群有哪些特点?②网络中的热销产品或服务有哪些?③谁有可能成为供货商?④谁有可能使用或者购买自己的产品或服务?⑤在所选择的行业中,竞争者的数量有多少?他们都在给客户提供什么产品和服务?

## 二、根据自己的兴趣和经验,选择要经营的产品

在决定开店以前,可以先问自己几个问题:我最感兴趣的是什么?我擅长什么?我的优势有哪些?如果喜欢研究化妆品,对化妆品的各个品牌、功效、价格和特点都了如指掌,那么开个化妆品的店铺会比较有优势。喜欢玩电脑游戏的人,就可以考虑开电子游戏方面的店铺。对自己感兴趣的东西,在做的时候,不知不觉就会很投入,这样入门、上手会比较快。

了解主流网民的基本特征,根据自己的资源、条件,甚至是爱好来确定要经营的主打商品。有特色的店铺到哪里都是受欢迎的,如果能找到既时尚又独特的商品,如一些自制的商品、玩具、服饰等,将是网上店铺的最佳选择。

另外,商品自身的属性对销售也有制约作用。一般而言,商品的价值高,店铺收

扩展阅读:
网店选址

入也高,但投入相对较大。对既无销售经验,又缺乏原始资金的创业族来讲,确实是不小的负担。网上交易地域范围广,有些体积较大、重量较大而价格偏低的商品是不适合在网上销售的,因为在邮寄时商品的运费太高,如果将这笔费用加在产品价格中,势必会降低买家的购买欲望。

适合在网上销售的商品一般符合以下特征。

(1) 体积较小。方便运输,可以降低运输成本。

(2) 附加值较高。价值低于运费的单件商品不适合在网上销售。

(3) 具备独特性或时尚性。销售业绩较好的商品往往都独具特色或者十分时尚。

(4) 价格较合理。价格比线下实惠,如果可以用相同的价格在线下买到商品,就不会有人在网上购买了。

(5) 通过网站了解就可以激发浏览者的购买欲望。如果商品必须要客户亲自见到才会产生购买欲望,那么就不适合在网上销售。

(6) 线下没有,只有网上才能买到。比如外贸订单产品或者直接从国外带回来的产品。

## 三、遵守国家法律法规

### 1. 销售活动中需要遵守的法律法规

(1) 遵守《中华人民共和国民法典》,《中华人民共和国民法典》在中国特色社会主义法律体系中具有重要地位,是一部固根本、稳预期、利长远的基础性法律,对推进全面依法治国、加快建设社会主义法治国家,对发展社会主义市场经济、巩固社会主义基本经济制度具有重大意义。商家在经营过程中应当严格遵守《中华人民共和国民法典》中的各项条例,遵循诚信原则,秉持诚实,恪守承诺。

(2) 遵守《中华人民共和国消费者权益保护法》,该法是为保护消费者的合法权益,规范市场经济秩序,促进经济持续健康发展而制定的法律。商家需要遵守《中华人民共和国消费者权益保护法》的规定,保障消费者的知情权、选择权、公平交易权、安全权等权益。

(3) 遵守《中华人民共和国广告法》,该法是为规范广告行为,保障广告的真实性、合法性、诚信性,保护消费者的合法权益而制定的法律。商家需要遵守《中华人民共和国广告法》的规定,确保广告的真实性和合法性,不得虚假宣传、误导消费者。

### 2. 禁止销售违禁品

产品销售时要关注平台规则,不要销售以下商品。

(1) 法律法规禁止或限制销售的商品,如武器弹药、管制刀具、文物、淫秽品、毒品等。

(2) 假冒伪劣商品。

(3) 其他不适合在网上销售的商品,如医疗器械、药品、股票、债券和抵押品、偷盗品、走私品或者其他非法获得的商品。

（4）用户不具有所有权或支配权的商品。

总之,卖家要严格遵守各项法律法规和电商平台规则,保障消费者的合法权益,维护市场秩序,促进经济发展。只有在遵守法律法规和电商平台规则的前提下,商家才能够获得长远的商业利益和良好的商业声誉。

**小贴士　重要的电子商务法律法规**

我国与电子商务有关的法律法规主要有《中华人民共和国电子签名法》《网上交易平台服务自律规范》《支付清算组织管理办法》《电子支付指引(第一号)》《关于网上交易的指导意见(暂行)》《关于促进电子商务规范发展的意见》《电子商务模式规范》《网络购物服务规范》《关于加快流通领域电子商务发展的意见》《网络商品交易及有关服务行为管理暂行办法》《非金融机构支付服务管理办法》。

# 四、选择网店平台

国内提供网上开店服务的平台有很多,因此,要了解这些平台的背景以及特点,并对它们进行性价比的分析与比较,然后选择出适合自己的网上开店平台。由于网上店铺要依托网上开店平台的基本功能和服务,并且客户也主要是该平台的访问者,因此,平台的选择非常重要。

微课:网店
平台选择

在建立网上店铺的前期调研工作中,选择适合的电子商务平台是成功的关键步骤。现阶段网上可供选择的电子商务平台很多,在众多的平台服务商中,选择适合自己的电子商务平台应考虑以下因素:良好的品牌形象、简单快捷的申请手续、稳定的后台技术、快速周到的客户服务、完善的支付体系、必要的配送服务以及售后服务保证措施等。当然,还需要有尽可能高的访问量,具备完善的网店维护和管理、订单管理等基本功能,并且可以提供一些高级服务,如网店推广、网店访问流量分析等。此外,收费模式和费用水平也是重要的影响因素之一。不同的企业或个人可能对网上销售有不同的要求,选择适合企业或个人特性的电子商务平台需要花费不少精力,不过前期调研的时间投入是值得的,可以最大限度地减小盲目性,增加成功的可能性。常见的电子商务平台如下。

## 1. 淘宝网

淘宝网的优势是规模大、商品种类多、流量大、纯平台成本低、知名度高,有阿里巴巴各方面的支持;劣势是对商品控制能力有限、物流依靠第三方、退货率高、竞争激烈。

## 2. 京东

京东的优势是自建物流服务好且可控、商家入驻费用低、自营商品有厂商返利、可以通过货款账期获利、家电规模大对供货商议价能力强;劣势是商品种类不够多、没有其他领域业务支持。

### 3. 拼多多

拼多多的优势是一个身份证可以开多家拼多多店铺,相对淘宝完善的规则,拼多多的规则较少;劣势是拼多多无法通过搜索找到店铺,也没有购物车这一功能,且拼多多规则虽少,但处罚力度很重。

### 4. 微店

微店的优势是客户主要源于朋友熟人的圈子,必须靠朋友圈传播,所以一定要经营有优势的产品;劣势是产品传播范围有限,成交量也有限,没有营销功能以及其他互动体验,而且入口资源比较有限。

### 5. 天猫

天猫的优势是入驻商家按人气综合排名有机会在搜索页面优先展示,有机会参加天猫官方组织的活动,获得更多的展示机会;劣势是费用会很高,特别是投入的推广费用。

## 五、选择进货渠道

### 1. 网上开店的一般进货渠道

扩展阅读:
网店平台
选择

网上创业已成为一种全新的商业模式,很多创业者想通过网上开店实现自己的创业梦想。确定销售产品的种类后,就要寻找货源。网上店铺大致可以从以下几个渠道找到货源。

1)从批发市场进货

从批发市场进货是最常见的进货渠道,如果店铺经营服装,那么可以去周围一些大型的批发市场进货。从批发市场进货需要有较强的议价能力,力争将批发价压到最低,同时要与批发商建立良好关系,在关于调换货的问题上要与批发商讲清楚,以免日后引起纠纷。

适合人群:当地有大型批发市场,自身具备一定议价能力的店主。

2)从厂家直接进货

正规的厂家货源充足,信用度高,如果长期合作,通常都能争取到产品调换。但是一般而言,厂家的起批量较高,不适合小批量的客户。如果有足够的资金储备与分销渠道,并且不会有压货的危险或不怕压货,就可以直接从厂家进货。

适合人群:有一定的经济实力,并且有分销渠道的店主。

3)从批发商处进货

一般使用搜索引擎就能找到很多贸易批发商。批发商一般直接由厂家供货,货源较稳定。不足之处是因为他们已具备一定规模,订单较多,所以服务难免有时跟不上。而且他们都有自己固定的客户,很难和他们谈条件,除非成为他们的大客户,否则难以有折扣和其他优惠。另外,在开始合作时就要把发货时间、调换货品等问题讲清楚。

适合人群：有自己的分销渠道，销售量较大的店主。

4）购进外贸产品或 OEM 产品

许多工厂在外贸订单之外或者为一些知名品牌贴牌生产之外会有一些剩余产品需要处理，价格十分低廉，通常为市场价格的 2～3 折，产品的品质和做工有保证。因此，这也是一个不错的进货渠道，但一般要求进货者全部"吃进"，所以要求有一定的经济实力。

适合人群：有一定货源渠道，同时有一定的识别能力的店主。

5）购买清仓产品

因为商家急于处理清仓产品，这类产品的价格通常极低，如果有足够的议价能力和经济能力，可以用极低的价格"吃进"，然后转到网上销售，利用地域或时间差获得足够的利润。"吃进"这些产品，店主一定要对质量有识别能力，同时能把握发展趋势并建立自己的分销渠道。

适合人群：有一定的资金实力，对行业比较了解的店主。

　**选择供应商的关键要素**

选择供应商的关键要素包括品质、产能、成本、响应时间。所有要素均为最佳的供应商，即绝对完美型供应商，往往是不存在的。在实际工作中，往往需要在不同要素之间进行平衡和取舍。

## 2. 价格低廉的进货渠道

网上开店之所以有利润空间，主要是因为成本较低。掌握了物美价廉的货源，就掌握了电子商务经营的关键。

1）充当市场猎手

密切关注市场变化，充分利用商品打折找到价格低廉的货源。以网上常销售的名牌衣物来说，卖家们常常在换季时或特卖场里淘到款式、品质上乘的品牌服饰，再转手在网上卖掉，利用地域或时空差价获得足够的利润。网上有一些化妆品卖家，与高档化妆品专柜的主管熟悉后，可以在新品上市前抢先拿到低至 7 折的商品，然后在网上按专柜价格的 9 折卖出，由于化妆品售价较高，因此利润也十分丰厚。

2）买入品牌积压库存

有些品牌商品的库存积压很多，一些商家干脆直接把库存全部卖给专职网络销售卖家。品牌商品在网上是备受关注的分类之一，很多买家都通过搜索的方式直接寻找自己心仪的品牌商品。而且不少品牌商品虽然在某一地域属于积压品，但网络具有覆盖面广的特性，完全可使其在其他地域成为畅销品。如果卖家有足够的议价本领，能以低廉的价格把品牌商手中的库存"吃进"，一定能获得丰厚的利润。

另外，"跑市场"不但能实时地熟悉行情，还可以获得很便宜的批发价格。通过和一些批发商建立良好的供求关系，不但能够拿到第一手的流行货品，而且能够保证网上销售的低价位。

3）品牌分销或者代理

很多品牌提供大量热卖商品的图片,只要成为它们的代理商,就可以把网站上的所有商品搬到自己的网店里,从选商品、拍照、作图、编辑、报价到发货、售后服务等一条龙的服务都由网站完成。

## 任务操作:网上开店

淘宝网是一个大型电子商务平台,要想在淘宝网开通个人网店,首先要成为会员。手机号码注册是淘宝网的默认注册方式。成为淘宝会员并开通支付宝认证后,就可以开通淘宝个人网店了,具体步骤如下。

步骤一:在浏览器的地址栏中输入淘宝网首页的网址,进入淘宝网首页。单击淘宝网首页左上角的"免费注册"超链接。

步骤二:淘宝会员注册分为个人账户注册和企业账户注册,个人账户一般使用手机号码进行注册,企业账户可通过电子邮箱进行注册。淘宝网默认的注册方式为个人账户注册,淘宝会员在该注册页码填写手机号码。

步骤三:拖动"验证码"栏中的滑块至最右边完成验证,然后单击"下一步"按钮。

步骤四:系统将向所填写的手机号码发送验证码,在"验证码"文本框中输入验证码,单击"同意协议并注册"按钮。

步骤五:完成上述操作后,即可完成淘宝账户的注册,并在打开的页面中显示注册成功的信息。

步骤六:登录淘宝账户并完成支付宝账号认证。

步骤七:开通淘宝个人网店。

## 任务评价

| 班　级 | | 姓　名 | | 日　期 | |
|---|---|---|---|---|---|
| 任务名称 | 网上开店 | | | | |
| 知识要点 | （1）成为淘宝会员;<br>（2）认证支付宝账号;<br>（3）开通淘宝个人网店 | | | | |
| 实践过程记录 | | | | | |
| 一、学习记录 | | | | | |

续表

二、反思改进

| 评分 | 自评(30%) | 互评(40%) | 师评(30%) | 总成绩 | |
|---|---|---|---|---|---|
| 成绩 | | | | | |
| 评阅人 | | | | | |

# 任务三　网店定位

## 任务引入

### 靠一把防晒伞打开市场

随着社会的发展和人们生活水平不断提高,人们对生活质量的要求越来越高,对防晒也越来越重视。蕉下看准了这个时机,大量宣传防晒的重要性以及自家产品的优势,在防晒品牌中脱颖而出。蕉下最初通过出售一把防晒伞打开市场,这款防晒伞最外层是黑色的,内层是较亮色彩的花纹,其亮点是它采用 L.R.C 涂层。消费者因为这把防晒伞具有良好的遮阳效果,争相购买,在最初发售的两小时内就出售了5000件,上市后就成为爆款,这款防晒伞一度成为线上防晒伞销量榜单的第一名。随后,蕉下相继推出其他系列的防晒伞,并拓展其他种类的防晒单品,包括防晒口罩、防晒衣、防晒帽等。蕉下品牌之所以可以占据一定市场,和它的营销模式是分不开的——先用一个单品打开市场,提高品牌的热度,再大力拓展其他品类的产品。

(资料来源:小敏聊财.防晒品牌蕉下:靠一把防晒伞打开市场,年入 24 亿[EB/OL].[2022-6-16].https://baijiahao.baidu.com/s?id=1735778488542896952&wfr=spider&for=pc.)

**思考:**如果你准备开一个网店,应该如何进行店铺定位?

## 知识准备

网店定位主要包括产品定位、价格定位和人群定位。其中,产品是一个店铺的生命线,展现、引流、下单等都是在产品的基础上进行,所以必须明确店铺产品的质量和特点。

15

# 一、产品定位

产品定位是在产品设计之初或在产品市场推广的过程中，通过广告宣传或其他营销手段使产品在消费者心中确立具体形象的过程，简而言之就是为消费者选择产品制造一个决策捷径。

对产品定位的计划和实施以市场定位为基础，受市场定位指导，但比市场定位更深入人心。具体地说，就是要在目标客户的心目中为产品创造一定的特色，赋予一定的形象，以迎合顾客的需要和偏好。

## 1. 产品定位方法

### 1）价值定位法

零售业中重要的消费者特征包括品质、选择性、价格、服务、地点等，这些消费者特征对产品与服务定位非常重要。其中，品质和价格这两项特征会转变为一种非常重要的特征：价值。如果率先塑造，并且确实吻合，价值是一种绝佳的竞争印象，也是产品定位的良好依据。营销人员可以成功地协助一家鞋子零售业客户，将其低价位连锁店的形象，重新定位为富有价值的连锁店。这种价值定位转换为广告主题"物美价廉的好鞋子"，避开过分强调价格，而特别强调品质。

### 2）使用者定位法

找出正确的产品使用者或购买者，会使定位在目标市场上显得更突出。一家纺织品连锁店为自己定位为以过人的创意为缝纫业者服务的零售店，即为喜爱缝纫的妇女提供"更多构想的商店"。

### 3）分类定位法

分类定位法是非常普遍的一种定位法。产品的生产并不是要和某一事实上竞争者竞争，而是要和同类产品互相竞争。当产品在市场上属于新产品时，此法特别有效——无论是开发新市场，或为既有产品进行市场深耕。淡啤酒和一般高热量啤酒竞争，就是这种定位的典型例子，此法塑造了一种全新的啤酒种类。

## 2. 产品定位基本原则

### 1）适应性原则

适应性原则包括两个方面：一是产品定位要适应消费者的需求，投其所好，给其所需，以树立产品形象，促进购买行为发生；二是产品定位要适应企业自身的人、财、物等资源配置的条件，以保质保量、及时顺利地到达市场位置。

### 2）竞争性原则

竞争性原则也称差异性原则。产品定位不能一厢情愿，必须结合市场上同行业竞争对手的情况（如竞争对手的数量、各自的实力以及产品的不同市场位置等）来确定，避免定位雷同，以减少竞争中的风险，促进产品销售。例如，A企业的产品是为较高收入的消费者服务的，B企业产品则定位于为较低收入者服务；A企业的产

16

品某一属性突出,B企业的产品则定位于其他某一属性上,形成产品差异化的特质。"人无我有,人有我优,人优我廉,人廉我转"正是这种竞争性原则的具体体现。

可见,产品定位基本上取决于四个方面:产品、企业、消费者和竞争者,即产品的特性、企业的创新意识、消费者的需求偏爱、竞争者产品的市场位置,四者协调得当,就能正确地定位产品。

## 二、价格定位

价格定位就是营销者把产品、服务的价格定在某个水平上,这个水平是与竞争者相比较而言的。网店的价格定位并不是一成不变的,在不同的营销环境下,在产品的生命周期的不同阶段上,在网店发展的不同阶段,价格定位可以灵活变化。

价格定位一般有三种情况:一是高价定位,即把不低于竞争者产品质量水平的产品价格定在竞争者产品价格之上,这种定位一般是借助良好的品牌优势、质量优势和售后服务优势;二是低价定位,即把产品价格定得远远低于竞争者价格,这种定位的产品质量和售后服务并非不如竞争者,有的可能比竞争者更好,之所以能采用低价,是因为该企业要么具有绝对的低成本优势,要么是企业形象好、产品销量大,要么是出于抑制竞争对手、树立品牌形象等战略性考虑;三是市场平均价格定位,即把价格定在市场同类产品的平均水平。

## 三、人群定位

### 1. 人群划分

按年龄、职业、性别等不同的维度,对人群进行划分,从不同的维度中选出大概的目标人群。

1)年龄的划分

从年龄上大致可以这样分:0～1岁(婴儿);1～3岁(幼童);3～6岁(小童);6～12岁(小学生);12～15(中学生);15～18岁(高中生);18～22岁(大学生);22～25岁(小青年),25～30岁(青年),30～40岁(轻中年);40～50岁(中年);50～60岁(后中年);60岁～70岁(中老年);70岁以上(老年)。

2)职业的划分

从职业上大致可以这样分:农民、一线工人、学生、白领、金领、医生、教师、公务员、自由职业人、商人、明星、家庭主妇、E时代网络群体(Z时代青年、KOL达人、网络红人)等。

3)性别的划分

性别划分为男性和女性。

## 2. 构建消费者画像

锁定了目标人群后,就需要对目标人群进行更细致的场景分析,对消费者进行画像描述,显现一幅目标消费者画面场景。从选定的目标人群中,分析消费者画像,从中挑出具有共同特征的人群作为核心的目标人群。

## 3. 针对性研发

完成消费者画像后,从产品研发的角度研究如何满足目标人群的需求,加强自身优势,战胜竞争对手,从而占据更大的市场份额。

# 任务操作:选择网店产品

登录阿里巴巴批发网,结合自己的网店定位,从阿里巴巴平台选择适合自己的货源,具体操作步骤如下。

步骤一:登录阿里巴巴批发网首页,在搜索框中输入要查找的商品,如图 1-3 所示。

图 1-3　输入要查找的商品

步骤二:可以按照综合、成交额、价格排列顺序显示货源商品,如图 1-4 所示。

图 1-4　显示货源商品

步骤三:单击其中一个商品,进入商品详情页面,如图 1-5 所示。

步骤四:查看公司信息,选中后即可订购货物。

图 1-5　商品详情页面

# 任务评价

| 班　　级 | | 姓　　名 | | 日　　期 | |
|---|---|---|---|---|---|
| 任务名称 | 选择网店产品 | | | | |
| 知识要点 | (1) 做好产品定位；<br>(2) 做好产品价格定位；<br>(3) 准确进行人群定位 | | | | |
| 实践过程记录 | | | | | |
| 一、学习记录 | | | | | |
| 二、反思改进 | | | | | |
| 评分 | 自评(30%) | 互评(40%) | 师评(30%) | 总成绩 | |
| 成绩 | | | | | |
| 评阅人 | | | | | |

# 项目二　网店设计与装修

 **知识目标**

1. 了解网店装修的作用和设计原则。
2. 理解网店装修类型与风格定位。
3. 掌握网店文案规划与设计方法。
4. 掌握店招、首页制作规范、设计方法。
5. 掌握商品详情页的制作方法。

 **技能目标**

1. 能够运用网店视觉设计对网店装修进行整体规划。
2. 能够对不同类目进行网店首页的设计与制作。
3. 能够对不同商品信息进行采集,完成商品详情页设计与制作。

 **素质目标**

1. 培养爱岗敬业的工作作风,强化社会责任感。
2. 培养尊重客观事实、求真务实的职业素养。
3. 培养踏实坚韧、专业过硬、信誉至上的电商精神。

 **思维导图**

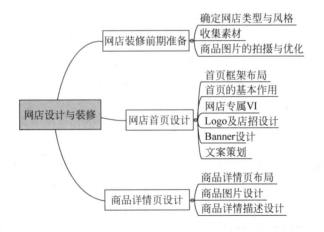

# 任务一　网店装修前期准备

## 任务引入

小赵作为一名网店卖家,在刚创建自己的淘宝店铺时,深信质量才是根本,他相信买家在看过他精挑细选的商品时,一定会因为商品的详细信息而购买。但事与愿违,小赵的网店并没有达到他的预期效果。经过与其他优秀店铺对比,小赵确定是网店装修方面出了问题,店铺装修杂乱无章、商品图片不吸引人。小赵该怎么办?

## 知识准备

### 一、确定网店类型和风格

设计与装修网店是网店运营必不可少的一步。好的网店装修不仅可以体现店铺风格,还能获得买家的认同感,是网店成功经营中非常重要的因素。

为了打造具有特色的店铺,在着手装修之前,应做好充足的准备。因出售商品不同,人群定位不同,店铺风格会有很大差异。比如运动、数码类商品的店铺风格多体现功能性和实用性,饰品类、箱包类等商品的店铺风格更注重美观性和精致感。

#### 1. 网店风格贴合主营产品

网店的风格主要体现在网店主营的商品类型、装修风格、商品发布的方式和时间、商品价位、促销活动的举办方式、店主的个人特色等方面。目标消费群体对网店风格的认同感越强,就越容易被吸引,成为潜在顾客。和传统实体店的经营模式一样,店铺风格最直接的表现,体现在店铺装修的风格上。

一家网店的风格由产品决定,不能盲目搭配产品,更不能乱上架不相关的产品,产品要体现形象、个性,便于客户记忆。

#### 2. 整体风格统一

店铺整体风格定位要统一。例如,小清新或文艺风以朴素为主,色彩图案不选用太艳丽的素材,使人产生清新舒服的感觉;中国风多体现民族文化和底蕴;欧美风多为街拍,搭配英文字母等。无论采用何种网店风格,网店的主页、店招、主图、详情页风格都要统一,整个店铺给人的总体印象要一致。

#### 3. 主题突出,装修衬托产品

网店的设计与装修是为了给顾客带来视觉冲击,让顾客心情愉悦地产生购买意向。井然有序的页面、美观大气的图片和精心设计的商品摆放等都可以起到店铺宣传的作用。需要注意的是,店铺装修的原则是突出主题,用装修来衬托产品,不可抢

21

夺产品的风头,喧宾夺主。要时刻清楚,店铺的目标是卖产品,而非展示装修。

**小贴士　商品图片的重要性**

商品图片是网络销售的灵魂,一张好图胜千言。在网络销售中,首先要求商品图片能清晰、直观地展现商品原貌;其次要求商品图片能刺激消费者的购买欲望,达到销售目的。

## 二、收集素材

在设计与装修网店时,收集素材也是一项必须完成的工作。在明确了店铺的风格类型和装修方向后,就可以通过一些素材网站收集与店铺风格相适应的素材。主流的素材网站包括素材中国(见图 2-1)、千鸟网、花瓣网、昵图网等。另外,淘宝网后台也为卖家提供了多种装修模板(见图 2-2)。

图 2-1　素材中国网站中的素材模板

## 三、商品图片的拍摄与优化

微课:商品
图片拍摄

网店与实体店铺最大的区别在于买家无法看到和体验商品实物,整个交易过程都是通过线上平台完成的。买家对商品的第一印象来自卖家店铺里的各类商品图片。商品图片的质量决定了是否可以吸引买家,使其产生购买欲望,提升商品及店铺的转化率。高质量的商品图片不但能够真实地展示商品,还会促成买家做出购买决策,达到视觉营销的效果。

### 1. 拍摄商品图片的器材

商品图片展示的是商品的外观、颜色等。因此,卖家需要真实、清晰地将商品拍摄和展现出来。一般来说,拍摄商品图片需要准备以下器材。

图 2-2　淘宝网后台提供的装修模板

（1）数码相机。拍摄商品图片,数码相机是必备器材。使用数码相机,最好选用具有合适的光感元件（CCD）,具备手动模式、微距功能,以及具备外接闪光灯热靴插槽的相机。另外,一般相机或相机镜头因拍摄的范围较小,无法将所有景物拍下来,或在微距模式下拍摄,图像发生变形或商品的光面上留有相机的阴影,这就需要通过更换镜头来满足拍摄需求。

（2）灯具。在室内拍摄商品时,会用到灯具设备。最好选用色温较好的 30W 以上三基色白光节能灯,准备三只以上为宜。

（3）三脚架。三脚架是用来稳定相机、避免相机晃动的一种支撑架,能保证拍摄图片的清晰度,其定位非常重要。

（4）拍摄台。拍摄时需要有放置商品的拍摄台。如果没有专业的拍摄台,可以使用桌子、椅子、茶几、纸箱等物品来代替,只要台面光滑、平整、颜色单一、利于展示商品即可。

（5）背景材料。根据商品类别不同,拍摄背景也不同。一般建议选用专业的摄影棚（见图 2-3）和合适的背景,使用专业的背景纸、背景布,包括墙体、纸质、无纺布、植绒布、有机板、玻璃等。例如,使用有机板或玻璃可以拍出倒影效果。卖家可以根据拍摄商品的需要和喜好来选择不同的材质。为了使室内背景不那么单调,通常还会用到小场景,如精致家具的点缀、花饰的布置等。小场景用得好,可以让页面充满吸引力,达到惊艳的实景效果。如果商品体积小,可以使用微型摄影棚进行拍摄。

图 2-3　摄影棚

## 2. 拍摄方位与拍摄角度

拍摄方位是拍摄商品的方向；拍摄角度包括拍摄高度、拍摄视角和拍摄距离。拍摄方位与拍摄角度相结合，就会形成不同的画面效果。这是进行商品拍摄的基本技巧，也是图像构图的基础。

（1）拍摄方位。网店商品需要通过图片进行全方位的展示，需要卖家在拍摄时注意拍摄方位的变化。常见的拍摄方位包括正面取景、侧面取景、背面取景和顶部取景，可以采用不同的拍摄方位为商品拍摄组图（见图 2-4）。

正面取景　　　　　　侧面取景　　　　　　背面取景　　　　　　顶部取景

图 2-4　拍摄方位示例（1）

对平面结构的商品，采取顶部取景的较多，而对一些有底座的商品，可以采用底部取景来展示商品（见图 2-5）。

（2）拍摄角度。常见的取景拍摄角度有俯拍、平拍与仰拍（见图 2-6）。俯拍是指相机处于比商品放置高度高的位置，视角朝下拍摄。平拍是指相机与商品放置高度持平，接近于水平拍摄。仰拍是指相机处于比商品放置高度低的位置拍摄，视角朝上，展示商品下方的更多细节。

## 3. 商品的拍摄构图

在拍摄商品时，首先需要注意的就是构图。构图方法有很多，下面重点介绍五种常见的构图方法。

顶部取景　　　　　　　底部取景

图 2-5　拍摄方位示例（2）

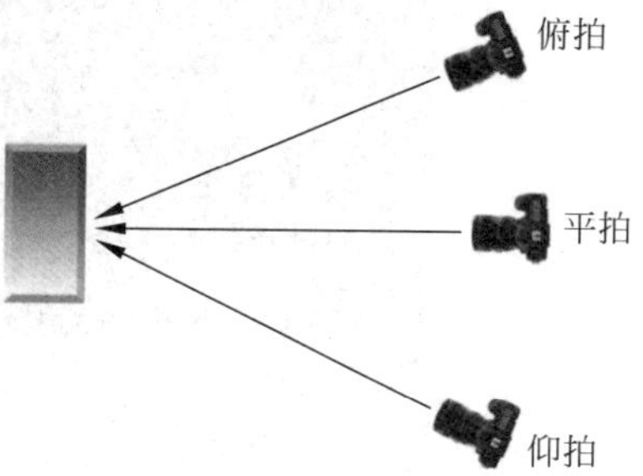

图 2-6　拍摄角度

1）留白构图法

留白构图法是指画面中要适当地留出一些空白，突出商品本身。在中国传统美学上有"计白守黑"的说法，指编排的内容为"黑"，是编排实体；斤斤计较的是或虚或实的"白"，指文字、图形或色彩。版面构成中讲究空白之美，巧妙的留白是为了更好地衬托主题，形成版面的空间层次。对网店商品摄影来说，留白是为了有足够的空白进行装饰性或说明性的处理，如添加文字、水印、装饰性元素等（见图 2-7）。

2）九宫格构图法

九宫格构图法是利用画面中的四条分割线对画面进行分割，将画面分成相等的九个方格。拍摄时将被拍摄主体放置在线条的四个交点上，或者放置在线条上（见图 2-8），这样拍摄出的画面看起来更和谐，给人一种美的享受。这种构图法操作简单，表现鲜明，画面简练，无论是在摄影还是摄像中都非常实用。

留出空白有利于照片后期处理　　对画面留白进行装饰

图 2-7　留白构图法

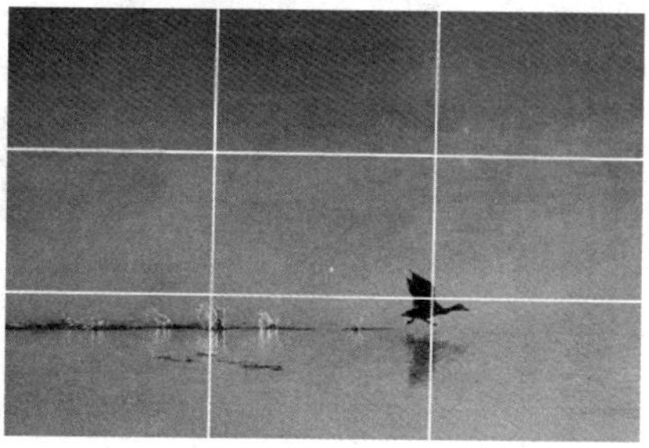

图 2-8　九宫格构图法

3）中心构图法

中心构图法是将主体放置在画面的中央进行拍摄，横竖方向不限（见图 2-9）。在相对对称的环境中拍摄时，一般会选择中心构图法对画面进行构图，这样能够将主体表现得更加突出、明确，画面容易达到左右平衡的效果。在采用这种构图方式时，要注意选择简洁或者与被摄主体反差较大的背景，使主体从背景中"跳"出来。

4）三角形构图法

三角形构图法是以三个视觉中心为景物的主要位置，形成一个稳定的三角形，画面具有安定、均衡但不失灵活的特点（见图 2-10）。在摆放商品时，可以使主要元素

图 2-9　中心构图法

或者线条构成三角形。

5) 对角线构图法

对角线构图法是指被摄主体沿着画面的对角线方向排列,能够表现出很强的活力、不稳定性和有生命力的感觉,给买家以更加饱满的视觉体验(见图 2-11)。对角线构图法中的对角线关系可以借助物体本身具有的对角线,也可以利用倾斜镜头的方式将一些倾斜的景物或横平竖直的景物以对角线的形式呈现在画面中。

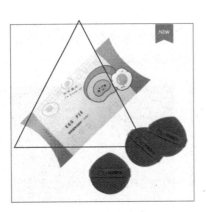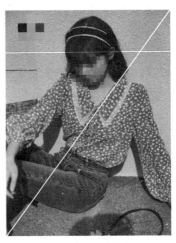

图 2-10　三角形构图法　　　　　图 2-11　对角线构图法

## 4. 各类商品的拍摄技巧

1) 服装类商品的拍摄技巧

可对服装进行穿拍、挂拍、卧拍,并以家具、内部装饰、户外风景等作为背景(见图 2-12)。

2) 饰品类商品的拍摄技巧

可利用专业的摄影棚拍摄或自制的灯箱设备拍摄,多选择自然光源,9:00—11:00 及 14:00—16:00 时间段拍摄为宜。需要注意的是,拍摄时的构图及搭配应尽量符合商品的气质、属性,以突出商品特性为主,尽可能以产品为中心进行主题的表现(见图 2-13)。

图 2-12　服装类商品拍摄示例

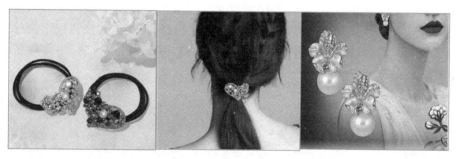

图 2-13　饰品类商品拍摄示例

3）箱包类商品的拍摄技巧

注意构图，配以参照物。拍摄商品细节时，选用微距镜头或近摄镜拍摄，将拉链或 Logo 等细节表现清楚（见图 2-14）。要尽可能使用自然光，配合侧光，这样更容易表现商品的质感。拍摄时注意调节白平衡，尽量保证还原商品的真实颜色，避免日后与买家发生纠纷。

图 2-14　箱包类商品拍摄

4）鞋类商品的拍摄技巧

拍摄时要适当布局，充分展示鞋子的卖点、特点，尽可能表现出鞋子前面、侧面和鞋子内部的各种信息（见图 2-15）。从上向下拍摄，这样鞋子内部也能进入适当光线，从而获得良好的拍摄效果。同款不同色的商品可以一起拍摄，使买家看到不同颜色的商品。拍摄时可添加相应的道具，起到烘托气氛的作用。

27

图 2-15 鞋类商品拍摄

5）食品类商品的拍摄技巧

首先保持食品的干净整洁，拍摄时多补光，显得可口诱人（见图 2-16）。可在水果的表面涂层薄油脂、喷洒水雾，便于拍出水果鲜美晶莹的效果。拍摄蔬菜时，为了显示蔬菜鲜嫩的质感，可以事先把蔬菜放到碱水里浸泡。如果要增强食物热气腾腾的效果，可以利用香烟的烟雾，等烟雾上升到最佳状态时快速按下快门。拍摄烹饪好的肉类、鱼类食品时，可以在拍摄前涂抹一层精制食物油，使食物显得特别新鲜。

图 2-16 食品类商品拍摄

总而言之，在拍摄不同的商品时，要多考虑该商品的特性，站在买家的角度思考买家最想看到什么、了解什么，再摆放商品，搭建场景，在做好充足准备的基础上开始拍摄。

# 任务操作：网店装修前期准备

## 1. 确定网店类型和风格

一家网店的风格，主要由店铺的商品特点、品牌个性、目标消费人群审美喜好、季节等因素决定。选择一种风格是设计的前提。请帮助店主小赵确定店铺类型与风格。

步骤一：根据商品自身特点和目标消费人群确定店铺类型。

步骤二：确定店铺的主色调。

步骤三：主色调确定后，需要合理搭配辅色；在页面配色上要将主色调的影响力发挥到极致，辅色只能起衬托作用，千万不要喧宾夺主；可以将品牌的一些辅助图形应用到设计中。

## 2. 收集素材

根据店铺的商品特点、品牌个性和目标消费人群审美喜好，帮助小赵收集可用的素材。

步骤一：查询素材中国等主流素材网站，查找与店铺风格定位相关的图片素材。

步骤二：整理商品图片素材及活动海报素材等，如图 2-17 所示。

图 2-17　图片素材

### 3. 商品图片的拍摄与优化

步骤一：拍摄商品图片，应注意图片清晰，色调饱满，如图 2-18 所示。

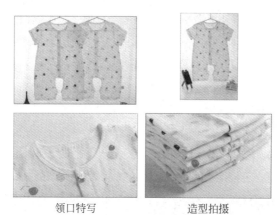

领口特写　　　　　　造型拍摄

图 2-18　拍摄商品图片

步骤二：商品图片美化。为了使拍摄的照片更加美观，更具吸引力，通常需要使用图像处理软件对图片进行美化处理。可选择一款适合自己使用的图像处理软件进行商品图片美化。例如，通过观察发现拍摄的连体衣挂拍商品图片偏暗，为了让商品图片更美观，需要对商品图片进行处理，使其恢复真实效果，具体操作步骤如图 2-19 所示。

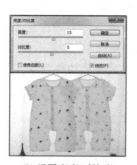

(a) 打开素材　　　　(b) 设置亮度/对比度　　　(c) 打开素材并设置亮度/对比度

图 2-19　商品图片美化

## 任务评价

| 班　级 | | 姓　名 | | 日　期 | |
|---|---|---|---|---|---|
| 任务名称 | 网店装修前期准备 | | | | |
| 知识要点 | 1. 网店装修的作用和设计原则；<br>2. 网店装修类型与风格定位；<br>3. 网店图片拍摄与图片美化的基本方法 | | | | |
| 实践过程记录 | | | | | |
| 一、学习记录 | | | | | |
| 二、反思改进 | | | | | |
| 评分 | 自评(30%) | 互评(40%) | 师评(30%) | 总成绩 | |
| 成绩 | | | | | |
| 评阅人 | | | | | |

# 任务二　网店首页设计

## 任务引入

　　卖家小赵经过认真思考和统筹考虑，首先对店铺进行风格定位，完成了商品拍摄和图片的美化处理，为网店装修做了前期的准备工作。下一步，小赵进入了网店的设计与装修阶段。可如何下手，小赵又犯了难。首页是网店的门面，谁都想做好，把所有精华都展现出来，那么到底怎么做才能吸引买家，发挥作用呢？

## 知识准备

## 一、首页的布局

　　网店首页相当于实体店的门面，用于体现店铺形象，展示商品和导购信息。精致漂亮的首页能让买家对网店产生好感和信任感，从而提升网店转化率。要了解网店

微课：店铺
装修

首页的布局,首先要清楚首页的组成。淘宝店铺中的首页一般包括店招、Logo、导航、商品分类、Banner 等模块。

### 1. 店招

店招就是网店的招牌,位于网店页面的最上方,一般用来宣传店铺,包括店铺名称、品牌、活动信息等。

### 2. Logo

网店的 Logo 是识别网店的标志,把网店形象和概念转化为视觉印象。Logo 代表着网店的风格、品位,可以对买家产生一定的视觉刺激和吸引力。品牌专营店一般会沿用商品品牌的 Logo,或为网店重新设计与品牌 Logo 相符的标识。Logo 越来越多地被用在店铺动态、商品外包装以及宣传单页上,对网店宣传和引流具有积极作用。

### 3. 导航

导航一般是为了方便买家搜索商品而设置的,一般位于首页店招的下方。通过导航可以帮助买家快速跳转到专门的分类页面。

### 4. 商品分类

网店中的商品分类与导航作用相似,但位置不同,一般展示在商品页面的左侧,不随页面跳转而消失,是对商品进行细分的导航。当商品类目丰富时,需要设置商品分类导航,为买家指明分类信息。

### 5. Banner

Banner 是指网店页面的横幅广告,是网店风格最直观的展现位置,对营造店铺氛围起着巨大的作用。淘宝、速卖通店铺中的首页焦点轮播图、促销海报、商品推荐和商品焦点图等都采用了 Banner 的形式。因为用途广泛,Banner 成为淘宝产品信息传播中最主要的途径之一,也是网店吸引流量和提高转化率的重要工具。

### 6. 其他模块

淘宝网提供了很多模块供商家选择,除上述几个模块外,根据网店的性质、功能不同,还有宝贝推荐、排行榜、活动专区、商品展示区、服务信息等。

网店首页布局的原则是把店铺中最想让消费者了解的信息和主推的商品安排在前三屏,即"黄金三屏"。首页第一屏展示店招、导航、Logo、Banner;首页第二屏、第三屏显示网店推荐、网店新品和热销商品;分类导航区显示导航功能、新品和促销区等。

## 二、首页的基本作用

网店首页的设计与装修直接影响消费者的购物体验和转化率。买家进入淘宝网购物,往往是搜索某一商品或是对某一商品图片产生兴趣,点击进入网店的某商品详情页,浏览之后产生购买欲望,再跳转到首页查看网店信息,由首页进入其他单品页,最后下单购买。在网店内部,商品详情页、首页、分类页形成流量循环。

首页就像是交通枢纽,负责网店的分流和导流。首页一方面展示店铺形象,传递商家的经营理念,另一方面通过视觉元素塑造个性化的风格定位来给买家留下深刻的印象和良好的购物体验。不仅如此,网店首页中的商品展示、促销活动的展示都会增加网店的点击率,提高转化率,直接影响网店的销售情况,一些重要信息也会在首页中体现。

首页的作用包括帮助网店传递品牌形象,配合网店的营销活动,展示商品,进行引导和分流,尽可能让买家在网店内停留更多的时间,触发购买动机,产生交易行为,促成订单,减少跳失率。

## 三、网店专属 VI

网店专属 VI(visual identity)即视觉识别,以标志、标准色彩、标准字体为核心,展开完整的视觉传达识别体系。网店专属 VI 可规范店铺的装修,帮助消费者记忆,树立并强化店铺的品牌形象,主要包含以下内容。

### 1. 标志

标志是经过提炼、抽象与加工形成的一种视觉化的信息表达方式,是具有一定含义并能够使人理解的视觉图形,有简洁、明确、一目了然的视觉传达效果。

### 2. 标准色彩

店铺主色反映并决定网店视觉定位。在搭配色彩时,标准色彩应控制在 3 ～ 5 种,使用 3 种以上的色彩则属于多色彩。

### 3. 标准字体

字体的种类有很多,如衬线体、等线体、艺术体和书法体等。网店使用的字体要符合网店的商品风格和营销定位。

## 四、Logo 及店招设计

### 1. Logo 设计

Logo(店标)是网店视觉传达要素的核心,只有特点鲜明、容易辨认和记忆、含义深刻、造型优美的标志,才能在同行业中脱颖而出。因此,Logo 应具备较强的识别性。Logo 的展示形式一般包括纯文字 Logo、纯图形 Logo、图文结合 Logo(见图 2-20)。

Logo 设计的原则如下。

(1)原创性:适合网店风格,清晰度高,素材无版权纠纷。

纯文字Logo　　　　纯图形Logo　　　图文结合Logo

图 2-20　Logo 的展示形式

（2）统一性：与店铺风格一致，目标消费群体界定清晰，产品和标志具备统一性。

（3）易识别性：简单且易识别，保持视觉平衡，讲究线条流畅。

（4）合法性：符合《中华人民共和国电子商务法》《中华人民共和国广告法》等法律法规。

### 2. 店招设计

如果店招有足够的吸引力，会给买家留下深刻的印象。因此，店招设计需要紧密结合并清晰体现网店的定位和品牌的形象特征，其创意和构思非常重要。店招设计的技巧主要有以下几点。

1）网店命名与设计

网店命名时，卖家需要综合考虑多个方面的因素，可以站在不同角度，如买家或卖家角度、文化内涵角度、店铺特色角度等来给网店命名。站在卖家的角度命名，要让店名显得亲切、自然，便于记忆。站在买家角度，可以从店铺所针对的主要消费群体的消费追求出发来为店铺命名。例如，一家经营婴幼儿产品的店铺起名为"智慧宝贝"，其中"宝贝"是消费对象，而买单的是家长，这就很好地迎合了家长对宝贝的美好期望来给网店命名。从文化内涵角度出发给网店命名，可以在实用的前提下，体现出一定的文化内涵，从而给店铺加分。例如，销售饰品的店铺起名"七彩阁"，用"七彩"体现饰品绚丽多姿的颜色。有些店铺风格明显，可以从店铺特色角度出发起名，加入一些与主题契合度高的元素。例如，经营刺绣围巾的店铺起名为"织锦楼"，古色古香，体现了民族传统文化的韵味和匠人传承的理念。

完成命名后，店招设计考虑较多的是店名样式的设计。可设计一些店名的变形体，契合店铺商品的主要风格与特色。图 2-21 所示为"织锦楼"的店招，花式字体配上国风元素，与店铺的整体风格相得益彰。

图 2-21　店招设计

2）背景图片的选择

店招第一时间就会被买家看到。想要引起买家的注意，就要让店招的设计更具有视觉冲击力。背景图片是影响视觉冲击力最主要的因素，包括背景图片的形象和主色调、图片的大小和位置、与文字的配合度等。

背景图片的颜色应保持整洁一致,不使用过多的颜色,否则会显得杂乱花哨,造成观者视觉疲劳。一般来说,背景图片的色彩不超过 3 种,并且尽可能减少使用刺眼的颜色,避免造成观者不适。

3)店招文字的设计

店招上除了店名外,还有其他文字内容,这些文字的位置、大小、形式也要注意。店招文字既要保证文字信息准确无误、言简意赅,又要不过分突出,不喧宾夺主,避免转移观者对店名的注意力。

**小贴士  淘宝店铺 Logo 的制作要求及主要设计工具**

(1)制作要求:文件格式为 GIF、JPG、JPEG、PNG,文件大小 80KB 以内,旺铺抬头建议尺寸 280px×70px、店标建议尺寸 80px×80px、手机淘宝店铺建议尺寸 280px×50px。

(2)静态店标设计工具:Photoshop。

(3)动态店标设计工具:Imageready、Fireworks、Ulead GIF Animator。

## 五、Banner 设计

### 1. Banner 的作用

Banner 在网店首页中,可以作为焦点轮播图展现,是占比最大、位置最抢眼的图片广告。它在最直观的展现位置,是吸引流量和提高转化率的重要工具。Banner 的用途广泛,也常作为促销海报、商品推荐使用。Banner 中的图片和文字经过排版,可以提升页面的表现力。观者的第一视觉先被吸引到图片上,第二视觉看到文字,第三视觉看到商品购买的入口。这就是 Banner 产生的作用,一是吸引买家,二是告诉买家"这是什么",三是告诉买家"在哪里找到商品"。

### 2. Banner 的布局

1)两栏结构

两栏结构是采用左图右文或左文右图进行布局,利用垂直分割的方式将版面分为两个部分(见图 2-22)。这种布局方式结构平衡、稳重,文字和商品图片一目了然。

图 2-22  两栏结构示例

34

左图右文的版面在视觉上形成从左至右的流畅感;左文右图的版面在视觉上形成从右到左的新奇感,商品展示与文案宣传并重,界面效果强烈且突出。

2)上下结构

上下结构属于两栏结构布局的一种。这种布局利用水平切割的方式将版面分为上下两个部分,结构稳定,可以形成一个明确的视觉焦点,比较容易突出主题(见图2-23)。文字和商品图片排列在版面的上部与下部,有上文下图或上图下文两种方式。

图 2-23　上下结构示例

上文下图的排版方式,商品或模特图片放在版面的下半部分,能够让版面在视觉上显得更加沉稳,而放置在图片上方的文字则在视觉上产生一种上升感,文字与图片相互呼应,整个版面的表现力较强。采用这一方式排版,需要有更具吸引力的文案或字体设计。

上图下文的排版方式,商品图片在上部,文字在下部,从形式上增强了它们之间的关联性,同时借助特殊的排列位置,能增强安稳、可靠的感受,从而增强买家对版面信息的信任程度。

3)三栏结构

三栏结构更具层次感,服饰类、鞋包类商品需要有模特展示,适合采用这种结构。一般文字和图片的摆放有图文图和文图文两种方式。

图文图的排版方式,即文字放在版面的中间位置,左右两侧放置商品图片、模特图片,这种方式让中间的文字部分更加突出。两侧如果是模特图片,可以一侧使用近景模特,另一侧使用远景模特产生呼应和对比(见图2-24)。

图 2-24　三栏结构示例

文图文的排版方式,即商品图片或模特图片放在版面中间,左右两侧放置文字,这种方式让版面在视觉上更加突出中间的商品或模特。需要注意的是,两侧的文字如果排版不当,容易让买家在浏览页面时产生视觉疲劳。重要的文字信息分别放在图片两侧,容易让买家无法第一时间抓住关键性信息。可以将重要信息和次要信息分别放两侧,保证两侧的文字信息排版整洁,相互呼应。

4)倾斜结构

倾斜结构的布局会让画面在视觉上显得时尚、动感(见图 2-25)。通常 Banner 设计需要画面平衡,但有时也要打破平衡来增强画面的律动感,达到吸引消费者的目的。

图 2-25 倾斜结构示例

无论是哪一种结构的 Banner 布局,都是为了提升商品或者模特图片与文字的搭配效果,运用合理的分割方式对图文要素进行规划,使它们之间的关系得到有效协调。需要注意的是,文字的表现与商品的展示一样重要,在 Banner 设计时,还应该把握好 Banner 视觉文案设计。

Banner 的标题如果不能吸引消费者的眼球,会让消费者失去继续浏览页面的意愿,从而离开页面,增加店铺的跳失率。Banner 的文案创意应抓住商品的特点,与社会热点话题、流行话题相联系,使消费者在看到画面的瞬间立即感受到其独特性,引起消费者的视觉兴趣,达到刺激消费者购买欲望的目的。

 **好 Banner 的共性**

(1)文字和背景色彩对比鲜明。

(2)店铺名称较多采用粗体字,这点很重要,粗体字给人以安全、厚重、可信赖的感觉,而且可以更加突出。

(3)品牌和产品信息的传达都要很明确,让人看一眼便能够记住它的店铺名称。

## 六、文案策划

在网店中,文案体现在方方面面,如品牌文案、商品文案、主图文案、详情页文案、推广文案等。好的文案可以更好地宣传网店或商品,提高品牌形象,增加消费者对网店的好感度和信任度。文案的写作既要吸引人,又要展现商品价值,突出商品卖点。

36

文案策划可以从以下几方面出发。

### 1. 明确消费群体

准确定位目标消费群体是文案策划的基础。由于职业、收入、性格、年龄、生活习惯、兴趣爱好的不同,消费者的消费习惯也不一样。因此,需要对消费者的消费行为进行具体分析,了解消费动机,明确消费目的和原因,才能更贴切地针对商品的属性写出具有较强针对性的文案。例如,通过了解和分析,发现年轻妈妈们给宝宝选购玩具,使用者是宝宝,买单的人是妈妈。那么卖家就可以考虑这两个群体的需求:一是考虑玩具能给宝宝带来什么;二是考虑玩具能给妈妈带来什么。体现在文案策划中可以是"解放妈妈双手,健身玩乐2合1"。

### 2. 剖析商品属性

剖析商品属性,即明确商品功能,突出商品优点。这就需要卖家充分了解商品所具有的文案价值的属性。例如,某款破壁机的显著特点是静音,那么静音就是这款产品所体现出来的文案价值的属性。在文案中着重突出这一点,就可以吸引不想受到破壁机噪声干扰的买家。

### 3. 分析商品利益点

消费者在选择某个商品时,会考虑该商品的多方面属性,如实用性、便捷性、安全性等。为了让消费者可以在层层考量中选择本店铺的产品,就需要直接将利益点分析给消费者。这也是强调商品优点的一种方式,即清楚直观地告知消费者这个利益点可以给他们带来哪些好处。

### 4. 定位使用场景

定位使用场景是指给消费者指明商品的使用场合。可以向消费者介绍使用商品的特殊场景,让消费者看到商品所具有的隐形价值,对商品产生物超所值的感受。例如,可收缩的沙发床方便在空间不足时收起来,需要时再打开,不占用有限的空间,那么在文案中就可以着重描述"小户型,多功能"的使用场景。

### 5. 明确竞争对手

商品的竞争对手不仅包括经营同类商品的其他经营者,还包括商品使用的环境、场合、职业等其他方面。例如,售卖一款手机,如果优势是超长待机时间,则其竞争对手可以是手机电池的续航能力,在策划文案时,可以突出其"超快闪充,超长待机"的特点。

## 任务操作:网站首页设计

### 1. 完成 PC 端首页 Banner 的设计与制作

步骤一:新建宽度为 1920px、高度为 650px,分辨率为 72ppi,名称为"连体衣海报"的空白文件,并插入素材(见图 2-26)。

图 2-26　新建文件

步骤二:输入文字并设置不透明度(见图 2-27)。

图 2-27　输入文字

步骤三:插入图片素材,调整位置与大小等(见图 2-28)。

图 2-28　插入图片素材

步骤四:输入文字,设置描边和投影效果(见图 2-29)。

图 2-29　设置输入文字的效果

## 2. 文案策划与写作

步骤一:整理商品中文信息资料、英文信息资料,梳理商品参数信息,准备文案策划与写作。

步骤二:根据文案策划要点,整理商品信息,包括明确消费群体(准确定位目标人群,包括职业、收入、性格、年龄、生活习惯、兴趣爱好等);剖析商品属性(明确商品功能、突出商品优点)；分析商品利益点(实用性、便利性、操作感、安全性等)；定位使用场景(给消费者指明商品的适用场合)；明确竞争对手。

步骤三：填写商品基本信息表(见表 2-1)。

表 2-1　商品基本信息表

| 商品名称 | | 品牌 | |
|---|---|---|---|
| 型号 | | 颜色 | |
| 里料材质 | | 面料材质 | |
| 款式 | | 细节特点 | |
| 适用年龄 | | 面料优势 | |
| 价格 | | 尺寸信息 | |

# 任务评价

| 班　级 | | 姓　名 | | 日　期 | |
|---|---|---|---|---|---|
| 任务名称 | 网店首页设计 | | | | |
| 知识要点 | 1. 网店首页的作用和设计原则；<br>2. 网店首页装修 Banner 图片的设计要点；<br>3. 网店文案策划的基本要点 | | | | |
| 实践过程记录 | | | | | |
| 一、学习记录 | | | | | |
| 二、反思改进 | | | | | |
| 评分 | 自评(30%) | 互评(40%) | 师评(30%) | 总成绩 | |
| 成绩 | | | | | |
| 评阅人 | | | | | |

# 任务三 商品详情页设计

## 任务引入

小赵已经完成了网店首页的设计与装修,接下来就是做好每一类商品的详情页。但是,小赵发现商品详情页中要提供的内容非常多,涉及主图、辅图、商品的详情描述、文案等,该如何把这么多的信息有效地结合在一起,吸引消费者关注,并增加售出商品的概率呢?

## 知识准备

买家通过各电商平台看到琳琅满目的商品,了解相关商品信息,把自己需要的信息采集下来。而卖家销售商品,最重要的便是商品展示。同一商品的不同图片会对商品产生不同的展示效果。商品详情页是商品展示的主阵地,是最容易与买家产生交易和共鸣的地方。

优质的商品详情页可以激发买家的购买欲望,赢得信任感,促成交易。因此,商品详情页的设计无疑是网店运营的重要内容之一。要在美观、实用的同时,通过商品详情页将卖家想要传达的信息尽可能直观地展示出来。

## 一、商品详情页布局

商品详情页是由文字、图片、视频构成的,向买家介绍商品属性、使用方法等详细情况的页面,是卖家向消费者推荐商品的关键页面,它的作用是激发消费者的购买欲望,赢得消费者信任感,提高转化率,其基本构成要素包括以下内容。

### 1. 商品图片

商品图片包括商品主图、细节图、营销图。其中,商品主图位于商品详情页的最上端的醒目位置,买家在浏览商品时最先看到的就是商品主图,它是店铺获取免费流量、商品获取点击率的最重要因素,主图以外的所有图片都只是影响商品的转化率。一般点开商品详情页,左上角的第一张图为主图,其余为辅图,辅图包含细节图和营销图。

### 2. 商品视频

传统的网店页面中的主图都是静态的图片,但现在越来越多的电商平台支持在主图展示区域中应用短小的主图视频,以及详情页视频。主图视频不仅能让商品得到更好的展示,更重要的是它能让买家对商品的使用情景产生共鸣,具有场景感。买家在观看视频的同时,容易联想自己使用这个商品的时候是什么样的,从而激发买家的购买欲望,提升转化率。主图视频可以展示商品的不同角度,也可以展示商品的细节。如果是功能性的商品,可以在主图视频中展示商品的使用步骤,方便买家操作。

### 3. 商品参数信息

商品参数信息包括商品价格、规格、颜色、尺寸、库存等信息,其中商品价格在商品详情页中占据非常重要的位置。买家在购买商品时最关注的是商品价格,这在一定程度上决定着买家是否购买商品。作为卖家,需要在衡量商品质量、行业内平均价位的基础上,充分考虑目标消费群体的收入情况,结合该群体能够接受的价格区间,再设定合理的商品价格。

### 4. 商品详情描述

商品详情描述就是在商品详情页中通过图片、文字等形式把商品的功能和特性向消费者介绍清楚,包括关联商品的介绍。商品详情描述会直接影响该商品甚至整个店铺的转化率,以及关联商品的销售,所以它在商品详情页中发挥着巨大的作用。

 **商品详情页信息采集**

商品详情页不仅要全方位展示商品信息,还要展示企业的实力,同时要像一个无声的导购员一样,吸引消费者下单购买,对消费者担心的各类交易问题要清晰明了地进行说明,消除消费者的各种顾虑,建立信任感。

## 二、商品图片设计

### 1. 商品图片展示位置

点开商品详情页,左上角的第一张图片为主图,其余为辅图,包括细节图和营销图。商品主图就是消费者在淘宝搜索列表中看到的商品图片,见图 2-30 和图 2-31。

图 2-30 商品主图展示位置

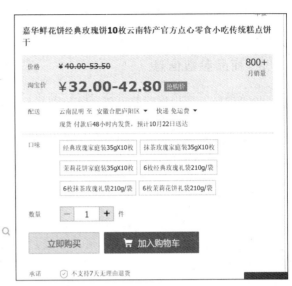

图 2-31 商品辅图展示位置

## 2. 商品图片设计形式

1) 展示全貌

利用白色背景展示商品的全貌是商品主图最常规的设计形式,大多数平台都要求至少展示一张白底全貌图。这种形式的优点在于展示直观,干净自然,让买家快速直接地了解商品的外观和颜色。

2) 场景设计

根据商品的用途和特点搭建场景化的环境,让买家直观感受商品的实际使用效果,产生心理上的映射关系,间接向买家传达商品的适用人群和档次(见图 2-32)。

展示全貌　　　　　　场景设计

图 2-32 场景图

3) 拼接设计

拼接设计的优点在于传达的信息丰富,能够显示商品的外观和实际功能,还能让买家对商品的可选颜色等一目了然(见图 2-33)。缺点是众多图片放在一起展示,商品的特征不够明显。

图 2-33 拼接设计

4）突出卖点

卖点，即商品与众不同的特色，可以是商品的材质、功能、价格、形状、款式等。卖家应突出商品独特的卖点与作用，强调商品的好处（见图 2-34）。

5）投射效应

投射效应是针对消费者的状态设定原型，分析产品的目标用户习惯，选择适合他们的颜色、字体、人物形象等，迅速引导消费者进入情境，融入画面，把图片中的情景投射到自己身上，第一时间拉近与消费者的距离，最大化刺激购买（见图 2-35）。

图 2-34 突出卖点

图 2-35 投射效应

6）风格统一

商品图片要与网店主题一致，融入品牌文化及价值元素，从各方面形象地提炼出网店的主题。

7）简洁原则

商品图片应突出商品展示，在图片中用最简短的描述、最少形式的语言表达商品

43

的主题。

总而言之,商品图片视觉营销的要点包括卖点清晰有创意,商品大小比例适中,文字表达宜简不宜繁,融入尽可能丰富的细节。

## 三、商品详情描述设计

### 1. 商品详情描述的设计逻辑

商品详情描述部分是在阐明该商品是什么,能够满足买家的何种需求,对买家有什么实际价值。这部分的设计要根据买家的购物心理进行逻辑分析,内容上应能够真实地反映商品的基本信息。版面设计也要便于买家阅读和理解,尽量让买家全面快速地了解商品的全部信息。

买家在购买商品时,对商品的认知分为三个步骤,即从感性到理性再到感性。在制作商品详情描述时,卖家需要遵循人们购买商品的认知规律,从感性认知出发,以头图吸引买家,然后通过铺垫、正文以及对商品的详细分析,从理性的角度向买家展示商品信息,最后留有余韵,进一步从感性角度"推一下"买家,刺激购买行为的产生。图 2-36 所示为买家对商品的认知规律。

一个优秀的详情描述页面能够激发消费者的购买欲望,促使消费者尽快下单成交。商品的卖点体现在图片和文字里,要求卖家在设计商品详情描述页时注意信息阐述的逻辑。这里需要对标品和非标品分别进行分析。

标品一般是指功能相似或相同、外观相似的,相互之间没有存在太大差别

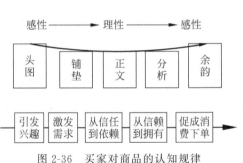

图 2-36　买家对商品的认知规律

的产品,通常为规格化的产品,有明确的型号等。例如,纸尿裤、纸巾、垃圾袋、手机、电器等都是标品。非标品一般是存在很多款式或功能差异的产品,通常是无法进行规格化分类的产品。例如,服装、鞋子、箱包、特产等都是非标品。其中,标品的逻辑框架如图 2-37 所示。

图 2-37　标品的逻辑框架

### 商品详情布局原则

头图:瞬间传递商品信息及店铺信息,引发顾客继续浏览的兴趣。

铺垫:多维度展示商品卖点,激发顾客的购买欲望。

正文:仔细全面地介绍商品,使顾客产生信任感。

分析：分析商品工作原理、设计理念及优势，帮助顾客理性地做出决策。

余韵：详细说明购物须知，发出购买号召，替顾客做出购买决定，或通过关联营销引导顾客进入其他商品页面。

### 2. 商品详情描述的主要模块

根据商品详情描述的逻辑框架，可以把商品详情描述划分为以下几个基本模块（见图 2-38 和图 2-39）。

商品卖点

商品细节展示

商品规格参数

图 2-38　商品详情描述模块(1)

图 2-39　店铺详情描述模块(2)

1) 焦点图

焦点图的主要作用是在买家浏览商品详情页时,能够第一时间吸引买家的注意力。这张图不仅是买家视觉集中的焦点,也是对商品的第一印象,在设计与制作时要充分提炼商品或卖家的特色、品牌特色等。

2) 商品卖点

商品卖点,即给消费对象一个购买商品的理由。只有这个理由充分,对方才会购买商品。卖点虽然看不见、摸不着,但对产品销售至关重要,可以按照 FAB 法则来分析商品的卖点。

F(feature,特征):商品的表象特征,包括商品的用料、设计、包装等,可以让买家直观感受到商品所具有的与众不同的特点。

A(advantage,优势):商品能够为买家带来的作用或优势,能够帮助买家解决生活、生产中问题的能力。

B(benefit,利益):商品能够为买家带来的利益需求,这也是买家购买商品的直接目的。

3) 商品规格参数

商品规格参数是商品信息描述的一种方式,包括商品的长度、宽度、高度、重量、体积、功耗等。卖家可以通过多种形式对商品规格参数进行展示。大多数商品使用配图形式,也可以采用与常见标准规格的实物进行对比的形式,比如日常所见的书本、杂志、易拉罐等都可以作为参照实物进行对比展示。

4) 商品细节图

商品细节图用来放大展示商品的质量、工艺、材质、做工等,能够很好地突出该商品相对其他商品的优点,拉近买家与产品之间的距离,让买家对产品有更全面的认知。细节图也可以放置在详情页的第一屏,以图文形式展示。

5) 商品包装展示

商品包装展示一般根据商品的实际情况来具体安排,主要展示商品的包装材料、包装方法和包装风格等。如果店铺售卖的商品是易碎品、易腐品,卖家需要展示能让消费者打消顾虑的包装方法,如包装加固、包装材料防腐处理的效果。

6) 资格认定书

为了让消费者增强对店铺的信任感,卖家可以展示一些表明身份属性的证书,或商品的认证标识、店铺的资格认定书等,以此展示店铺的实力和商品的品牌。

7) 快递与售后

快递与售后是为了帮助买家解决在购买过程中可能遇到的一些已知或未知的问题,打消顾虑而体现的,如 7 天无理由退换货、商品发生质量问题如何解决、发票问题、送货上门、安装服务等。做好这些保障性的工作能让买家在增加信任感的同时,减轻客服的工作压力,降低投诉率,增加买家独立下单的转化率等。

8）温馨提示

温馨提示是卖家对自身商品、店铺负责的一种体现,可以让买家看到店铺认真经营的诚意,增加好感度,如提醒买家注意网络诈骗行为、接收提醒、安全使用提醒、安装提示等。服务做到位,体现出诚挚的关怀,买家自然会多一份信任,增加店铺的转化率。

总之,商品详情页的主要作用就是引起买家的兴趣、激发买家需求,增加买家对商品的了解。商品详情页的设计应方便买家了解商品的功效,取得买家的好感,赢得买家信任,引导买家下单购买。商品详情页的设计不可能一步到位,需要卖家多次修改完善。因此,在做好详情页后,卖家还需要关注商品详情页的跳出率、商品的支付率等,根据实际情况对商品详情页进行调整和优化。

# 任务操作:商品详情页设计与制作

商品详情页作为每个商品展示的重点,其好坏直接决定商品的成交量。例如,在进行连体衣商品详情页的设计时,首先需要根据收集的连体衣信息,对连体衣商品详情页需要展示的信息进行规划,然后划分模块进行设计与制作。

请帮助小赵对连体衣商品详情页的卖点展示部分、面料优势部分、细节展示部分、商品展示部分分别进行制作,整个页面以天蓝色为主色,以黄色为点缀色,字体采用方正少儿简体,搭配云朵图形来装饰页面,渲染页面的童趣感。

步骤一:制作卖点展示部分。卖点展示部分对连体衣的清凉、透气、柔然、贴身等卖点进行展现,吸引消费者继续向下浏览。

步骤二:制作面料优势部分。面料优势部分从"新疆有机棉花""拒绝黑心面料"两个角度展开介绍,从面料上打动消费者,具体操作如图2-40所示。

(a) 新建文件并绘制形状路径

(b) 输入文字并绘制形状

(c) 绘制直线并输入文字

(d) 打开并插入素材

(e) 绘制图形并输入文字

(f) 绘制形状

(g) 移动复制并修改文本

(h) 复制图形并输入文字

(i) 插入素材并调整大小

图2-40　制作面料优势部分

步骤三：制作细节展示部分。细节展示部分可以让消费者清楚连体衣的参数与尺寸信息，对连体衣的各个细节进行表现，具体操作如图 2-41 所示。

(a) 输入文字并绘制形状

(b) 复制云朵更改描边　　　　　　　　(c) 输入文字并绘制图形

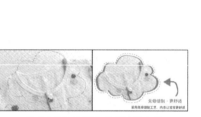

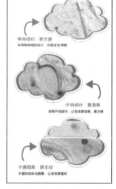

(d) 打开素材并移动到图像文件　　　　(e) 新建组并完成细节制作

图 2-41　制作细节展示部分

步骤四：制作商品展示部分。在商品详情页中挑选部分商品图片进行展示，可以让商品更加真实。这里挑选两张商品图片制作商品展示部分，具体操作如图 2-42 所示。

(a) 打开并移动素材图片　　　　　　(b) 绘制正圆并输入文字

图 2-42　制作商品展示部分

制作完成的商品详情页效果如图 2-43 所示。

图 2-43　商品详情页效果

**边框水印的处理**

1. 使用仿制图章工具处理

使用仿制图章工具处理水印是比较常用的方法。具体操作：选取仿制图章工具，按住 Alt 键，在无水印区域选择相似的色彩图案采样，然后在水印区域拖动鼠标复制以覆盖水印。

需注意的是，采样点是复制的起始点。选择不同的笔刷直径会影响绘制的范围，而不同的笔刷硬度会影响绘制区域的边缘融合效果。

2. 使用修补工具处理

如果图片的背景色彩或图案比较一致，使用修补工具处理就比较方便。具体操作：选取修补工具，在公共栏中选择修补项为"源"，关闭"透明"选项；用修补工具框选水印，拖动到无水印区域中色彩或图案相似的位置，松开鼠标完成复制。修补工具具有自动匹配颜色的功能，复制的效果与周围的色彩较为融合，这是仿制图章工具所不具备的。

扩展阅读：
网店美工 2

# 任务评价

| 班　级 | | 姓　名 | | 日　期 | |
|---|---|---|---|---|---|
| 任务名称 | 商品详情页设计与制作 | | | | |
| 知识要点 | 1. 网店商品详情页的布局；<br>2. 网店商品详情页的图片设计；<br>3. 网店商品详情描述设计 | | | | |
| 实践过程记录 | | | | | |
| 一、学习记录 | | | | | |
| 二、反思改进 | | | | | |
| 评分 | 自评（30%） | 互评（40%） | 师评（30%） | 总成绩 | |
| 成绩 | | | | | |
| 评阅人 | | | | | |

# 项目三 网店推广与流量引入

 **知识目标**

1. 掌握搜索引擎优化和搜索引擎营销的概念、原理和方法。
2. 了解淘宝店铺站外推广的多种方式。
3. 了解网店的促销策略。

 **技能目标**

1. 能够利用搜索引擎优化和搜索引擎营销的原理，开展网店运营推广。
2. 能够分析不同的站外推广方式，进行流量引入。
3. 能够根据店铺的实际情况采用合适的网店促销策略。

 **素质目标**

1. 树立遵纪守法、遵守平台规则的意识，不弄虚作假，合理维护消费者权益。
2. 培养严谨、负责的工作态度，树立精益求精、开拓创新的工匠精神。
3. 成为爱岗敬业、不怕辛苦，具有良好职业道德的电商工作者。

 **思维导图**

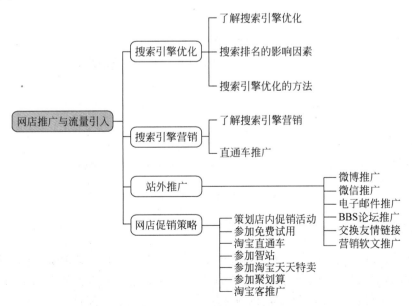

# 任务一 搜索引擎优化

## 任务引入

小王经过一段时间的学习,终于开了一家淘宝店。但运营一个月后,小王发现网店的流量迟迟不见提升,有的客户进店后也没有下订单购买,商品销量不佳。小王特别苦恼,于是向一些前辈请教,前辈建议他做好搜索引擎优化。小王便选择一个商品做试验,发现优化后,网店的流量确实上涨了不少,成交量也变大了。

思考:你知道小王是怎么做的吗?

## 知识准备

## 一、了解搜索引擎优化

### 1. 搜索引擎的概念

搜索引擎是指根据一定的策略、运用特定的计算机程序从互联网上采集信息,在对信息进行组织和处理后,为用户提供检索服务,将检索的相关信息展示给用户的系统。

目前,比较常用的搜索引擎有百度(见图 3-1)、谷歌、360、搜狗等。除了上述专业的搜索网站,还有大型门户的站内搜索引擎,如淘宝网(见图 3-2)、天猫、京东等平台。这些站内搜索优化也非常关键,尤其是对网店运营推广而言,直接影响产品站内排名及销量。只有提高在搜索引擎中的排名,才能有效提高网站或店铺的访问量,实现销售目的或宣传效果。

微课:网店流量影响因素及其优化策略

图 3-1 百度搜索引擎

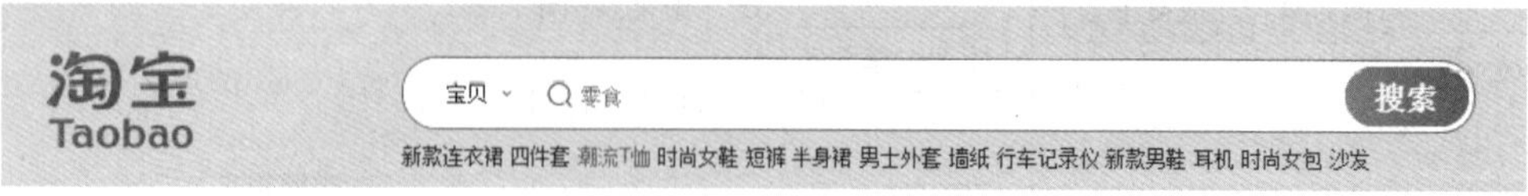

图 3-2 淘宝网站内搜索引擎

### 2. 搜索引擎优化

搜索引擎优化(search engine optimization,SEO)是指在了解搜索引擎自然排名机制的基础上,对网站进行内部及外部的调整优化,改进网站在搜索引擎中的关键词自然排名,获得更多流量,从而达成网站销售及品牌建设的预期目标。

搜索引擎优化的技术手段主要有白帽(white hat)和黑帽(black hat)两大类。

1）白帽

搜索引擎优化的白帽法遵循搜索引擎的接受原则,通过正规的技术和方式,为用户创造内容,让这些内容易于被搜索引擎机器人检索。

2）黑帽

通过作弊手法欺骗搜索引擎和访问者,最终将遭到搜索引擎惩罚的手段被称为黑帽,比如隐藏关键字、制造大量的 meta 字、alt 标签等。所有使用作弊或可疑手段的,都可称为黑帽 SEO。黑帽 SEO 的主要目的是获得所希望的排名,进而获得更多的曝光率。这虽然可以获得短期的利益,但随时会因为搜索引擎算法的改变而面临惩罚,也会影响搜索引擎排名的合理性和公正性。

## 二、搜索排名的影响因素

提高网店搜索引擎排名是店铺得到自然流量的首要条件,排名越靠前,获得展示的机会越多,得到的流量也越多。那么影响搜索排名的因素有哪些呢?下面以淘宝网为例进行介绍。

影响淘宝网搜索排名的因素非常多,如成交量、关键词匹配、商品下架时间、收藏量、好评率、商品促销、橱窗推荐、消费者保障、综合评分、店铺动态评分、商品价格、点击率、商品主图、商品属性完整度、停留时间、跳失率、金牌卖家、公益宝贝、动销率、退款纠纷率、客单价等众多因素都会影响商品搜索排名,不同因素的权重不一样,对商品排序的影响不同,下面对主要因素进行介绍。

### 1. 点击率

点击率是指网站页面上某一内容被点击次数与被显示次数之比。新品上架后的随机展示概率是相似的,在原有的展示次数里,如果点击率高,则表示该商品的标题和图片搭配比较合理,淘宝网会继续增加该商品的展示机会。反之,点击率过低则可能降低排名。

### 2. 跳出率

跳出率是指用户通过搜索关键词来到某一网站,仅浏览了一个页面就离开的访问次数与所有访问次数的百分比,是衡量网站内容质量的重要标准。淘宝网根据买家在店铺的停留时间和跳出率来判断商品描述页是否吸引买家,买家停留时间越长、在店铺中浏览的页面越多、跳出率越低,则越有利于转化,淘宝网将对这类商品的排名进行提升。如果是转化率非常高的商品,可能进入人工审核系统,审核合格则给予提升排名的处理;反之,如果检测出有刷信誉、刷单等嫌疑,则会被降低排名和权重。

### 3. 综合评分

综合评分包含多种因素,如人气、销量、信誉、价格等都属于综合评分的范畴。其中,人气又包括浏览量、收藏量等。总而言之,无论是商品质量还是服务质量都很重要,只有赢得更多买家的好评和青睐才可能提高综合评分。综合评分值较高,淘宝网将提升其排名;综合评分值过低,则会给予降低排名和权重的处理。

### 4. 店铺动态评分

店铺动态评分有三个衡量的指标:描述相符、服务态度和发货速度,如图 3-3 所示。这三者反映了卖家服务的综合评分等级,店铺动态评分越高,对排名越有利。

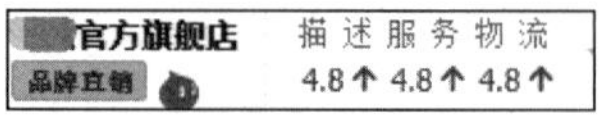

图 3-3 店铺动态评分

### 5. 下架时间

淘宝网中的商品在即将下架的时候会获得排名提升和更多展示机会,这就是要慎重设置商品上下架时间的原因。

### 6. 橱窗推荐

橱窗推荐的商品排名一般更靠前,金牌卖家还可以获得精品橱窗,精品橱窗对商品权重的影响很大。

### 7. 商品属性的完整度和准确度

淘宝卖家在填写商品的属性时,必须尽量叙述完整且定位准确,叙述完整是指尽量按照淘宝网列举的条目填写完整,定位准确则是指描述产品的类目和属性时必须准确,如短靴的鞋子,必须填写短靴,不能填写长靴等,否则容易被淘宝网进行降权处理。

### 8. 消费者保障

参加消费者保障的商品,排名将更靠前。

### 9. 退款率和纠纷率

退款率和纠纷率是判断商品质量和服务质量的重要指标。退款率比同行高的店铺,排名会降低;有纠纷或纠纷率高的店铺,会被淘宝网进行降权处理。

### 10. 关键词匹配

一般来说,淘宝商品标题的关键词要用该商品所在类目下的热门关键词,同时在商品的详细描述里,也最好包括商品的热搜关键词,这样有利于提升排名。

## 三、搜索引擎优化的方法

使用搜索引擎的用户往往只会留意搜索结果靠前的条目,所以不少网店都希望通过各种方法来影响搜索引擎的排名,常用方法如下。

### 1. 做好特色服务工作

在条件允许的情况下,商家可以开通运费险、正品保障、24 小时发货、货到付款、信用卡支付,或者参与公益宝贝计划等特色服务,促进搜索引擎优化,如图 3-4 所示。

图 3-4　参与公益宝贝计划

### 2. 熟悉规则,避免违规行为

淘宝网对虚假交易、重复铺货、广告商品、错放类目和属性、标题滥用关键词、SKU 作弊商品、价格不符、邮费不符、标题图片价格描述不一致等明显的违规行为,会进行搜索降权。除此之外,还要注意淘宝规则中的其他因素,如违背承诺、不当使用其他人权利、不当谋利、发布违禁品、假冒品等,这些都会影响搜索引擎优化的效果。

### 3. 做好商品发布的类目属性工作

做好商品发布的类目属性工作就要做到准确选择商品所在类目及产品参数(见图 3-5 和图 3-6),完整填写属性有利于提升搜索排名,不要为了吸引客户违规填写商品属性,比如商品品牌、商品认证等信息。

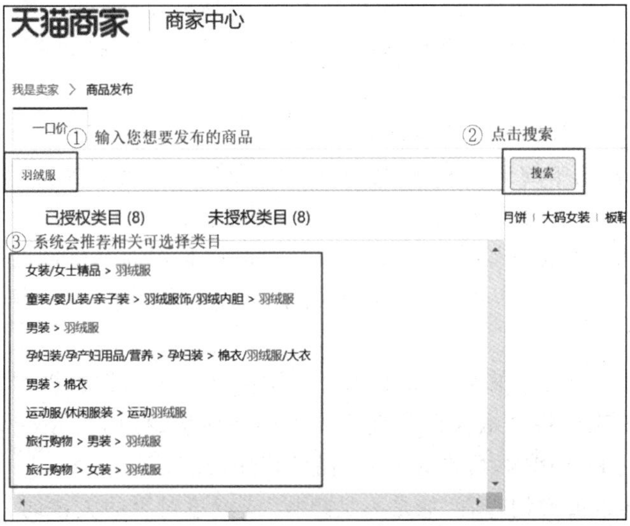

图 3-5　商品发布的类目选择

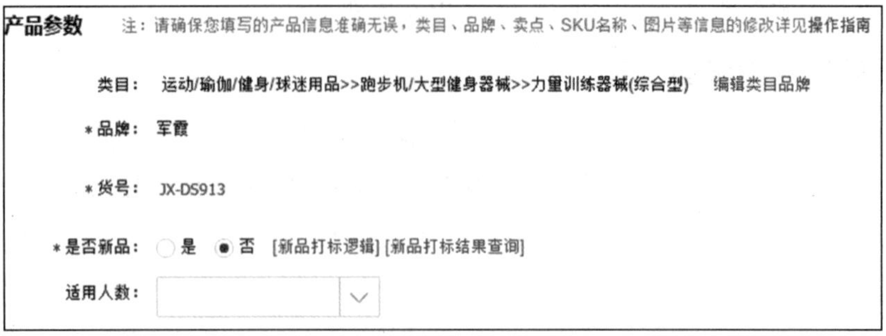

图 3-6  商品发布的产品参数

### 4. 优化商品标题

很多买家在淘宝网购买商品时,习惯通过搜索关键词来寻找商品,商品标题将直接影响搜索引擎排名及结果。因此,商品标题与自然搜索流量密切相关,必须做好标题优化,尽可能增加商品被搜索到的概率。

1) 商品标题的结构

淘宝商品标题不宜过短或过长,一般包括 60 个字符,即 30 个汉字,尽量合理地将 30 个字的标题使用到位,避免无效留空。商品标题优化的基本前提是符合买家的搜索习惯,同时为了提高被搜索到的概率,可以尽可能地组合各种与商品相符的热搜词。一般来说,商品标题结构主要包括核心关键词、属性关键词和热搜词三个部分。

(1) 核心关键词。核心关键词是指商品名称,其作用是可以使买家能通过标题快速了解商品是什么,是否是自己所需的商品。

(2) 属性关键词。属性关键词是对商品属性的介绍,商品材质、颜色、风格等都属于商品属性,如"春季中长款小碎花连衣裙"中,"连衣裙"是核心关键词,"春季""中长款""小碎花"都是用于形容核心关键词的属性关键词。

(3) 热搜词。热搜词是指与商品相关的、买家搜索量高的词,主要用于对商品标题进行优化,增加被搜索到的概率,如"新款特价连衣裙"中的"新款""特价"属于优化商品标题的热搜词。

在构思商品标题时,核心关键词是必须具备的,且描述一定要与商品相符,如商品是羽绒服,则标题中的核心关键词就必须是羽绒服,不能是西装、卫衣等不同的商品名称。同时,商品标题不仅要包含核心关键词,还要能够让买家一目了然地通过标题了解商品的属性和特性。属性关键词和热搜词都是对商品标题的扩展,是增加搜索量和点击量的重要部分,建议尽量选择买家常用且适合商品的词语。

2) 查找关键词

(1) 通过搜索下拉框来判断关键词。在淘宝网首页的搜索框中输入关键词后,在打开的下拉列表中将显示与该关键词相关的一些词语,如图 3-7 所示。这些词语是买家经常关注和使用的,可作为卖家商品标题的备选词。

(2) 通过搜索关键词查看"您是不是想找"或竞争对手的关键词。在输入搜索关键词后可以看到淘宝网搜索页的"您是不是想找",显示出的词语可以作为备选词,如

图 3-8 所示。除此之外,竞争对手的标题和商品属性中也含有大量的关键词。

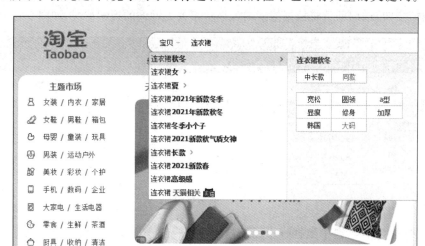

图 3-7　淘宝网搜索框下拉列表

图 3-8　淘宝网搜索页的关键词

（3）利用生意参谋查找关键词。淘宝商品标题的关键词多由买家热搜词组成,淘宝网为此提供了选词助手工具,帮助卖家分析和选择热搜词,下面介绍利用生意参谋查找关键词。

① 进入淘宝网卖家中心,在"营销中心"栏中单击"生意参谋",打开生意参谋主页面,将鼠标指针移动到顶部导航栏的"专题工具"选项上,在打开的下拉列表中单击"选词助手",如图 3-9 所示。

图 3-9　选词助手

② 打开"选词助手"页面，单击"行业相关搜索词"，在搜索文本框中输入关键词，单击"查看"按钮，选词助手将根据搜索内容显示相关关键词的搜索情况，如图 3-10 所示。

图 3-10　搜索关键词

③ 通过生意参谋中数据→市场→搜索分析→搜索词查询，如图 3-11 所示，可以输入关键词进行查询，查看与该关键词相关的其他关键词以及它们的搜索数据。

图 3-11　设置显示指标

（4）利用淘宝直通车发现关键词。淘宝直通车是为专职淘宝网和天猫卖家量身定制的，按点击付费的效果营销工具，为卖家实现商品的精准推广。可以通过淘宝直通车后台流量解析工具或推广计划添加关键词来发现不同的关键词，如图 3-12 和图 3-13 所示。

图 3-12　后台流量解析

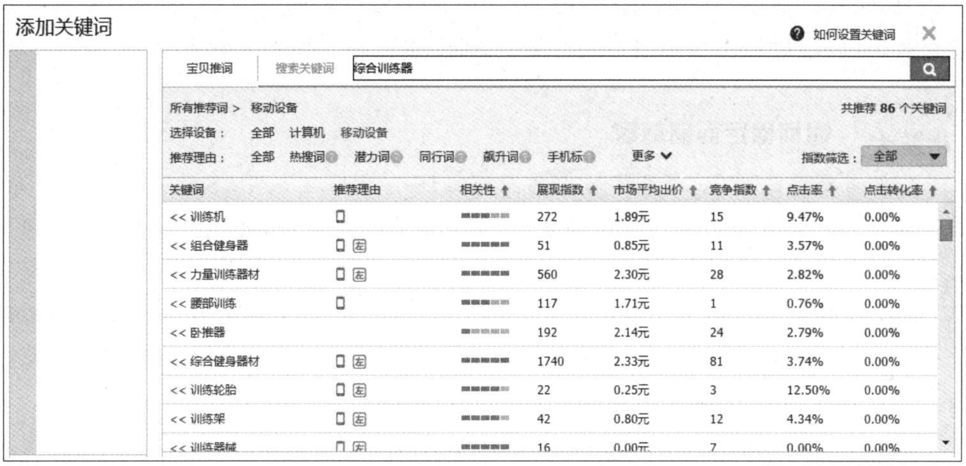

图 3-13 推广计划添加关键词

3）拆分与组合关键词

淘宝商品标题通常由多个关键词组合而成，依靠查找关键词，卖家可以清楚了解当前类目中的买家热搜词，关键词搜索热度、人气、点击量等数据，通过对数据进行分析，即可确定自己的商品标题。

（1）确定核心关键词。核心关键词即顶级关键词，是对商品本质的描述，即通用名称、别名或简称，如"连衣裙""裙子""长裙"都是描述商品类别的，都属于核心关键词。

（2）组合属性关键词。买家在搜索商品时，为了使搜索结果更精确，通常会在核心关键词前后加上商品的属性词，如搜索连衣裙时，可能会输入"中长款""春季新款""特价包邮"等热搜关键词进行搜索。为了迎合消费者的搜索习惯，卖家在确定商品标题时，也需添加这些热搜词。另外，有的关键词搜索热度非常高，说明通过这个关键词进行搜索的买家非常多，但相应地这个关键词的全网商品数也非常多，说明竞争比较激烈，对店铺的排名要求较高。而部分关键词，搜索热度虽然比较低，但是点击率较高，全网商品数较少，说明这个关键词的竞争度比较低。在分析了行业热搜词后，即可选择适合自己店铺竞争情况的词语进行合理的拆分和组合。

核心关键词和部分属性关键词的竞争情况都比较激烈，如果店铺排名不具备优势，则建议卖家不要全部依靠这些关键词来引入流量，可在标题中设置一批长尾关键词，如"无袖拼接碎花雪纺连衣裙"。这些长尾关键词搜索热度较低，但是对目标消费人群定位更准确，竞争也更小。

（3）搭配热搜词。热搜词不仅是指买家经常搜索的词语，还指可以对商品进行形容和修饰的词语，如"2023春季中长款连衣裙"。如果商品为知名品牌，也可将品牌名加入标题中，这样可以更准确地定位到对品牌有忠诚度的目标消费人群。

总之,商品标题不仅要包含热搜词,还应该尽量突出商品卖点,如果有对商品描述有利,可以准确吸引目标消费人群的关键词,也可将其添加到标题中。

**如何确定商品标题**

(1)需要注意的是,商品标题中的所有描述均应客观真实,不能宣传虚假信息,若商品标题中出现与商品不符的描述,或不符合淘宝网规定,则很容易遭到淘宝网的处罚。

(2)商品标题不建议直接使用关键词进行生硬堆砌,需对关键词的顺序和搭配进行优化调整,避免大量雷同关键词重复使用,不要使用怪异的符号分割标题,在标题里大量重复、铺设雷同关键词会被淘宝网认定为违规行为。

(3)商品标题优化不是独立的手段,为了达到更好的效果,商品标题优化应该与属性优化、上下架时间优化、橱窗推荐相配合,且标题不能一成不变,应该根据流量情况进行反复测试。

## 5. 优化商品详情页

当买家通过各种渠道进入店铺查看商品时,主要通过商品详情页了解商品的基本信息,这是消费者购买的最终落地页。因此,商品详情页的质量好坏直接影响买家的购买行为和商品的销量。好的商品详情页应该同时兼顾目标消费人群定位、商品展示、页面布局、加载速度、关联营销等多个方面。

1)目标消费人群定位

很多数据分析工具都能对商品的目标消费人群进行分析,通过对买家性别、年龄等进行分析,找准商品详情页内容的定位,结合产品特征整理出完整的思路,选择最符合目标消费群体的内容。例如,某家纺用品店分别面向不同消费群体设计了不同的商品主图。同样是四件套,图3-14针对的群体是可爱、时尚的年轻消费群体,从拍摄风格和文案中就可以体现出来;图3-15面向的是中年消费群体,他们对商品的质

图3-14 针对年轻消费群体的商品主图

图3-15 针对中年消费群体的商品主图

感和品位要求会相对较高,因此着重打造的是高端品位。需要注意的是,目标消费人群定位应尽量建立在数据分析的基础上,不要凭借主观臆断做决定,避免定位错误。

2) 商品详情页内容优化

商品详情页内容是商品详情页的主体部分,也是卖家重点关注的地方。一般来说,商品详情页需要具备一定的逻辑性和规律性,以买家购物的心理流程为基础。这里介绍商品详情页设计中的 FABE 原则,如图 3-16 所示。

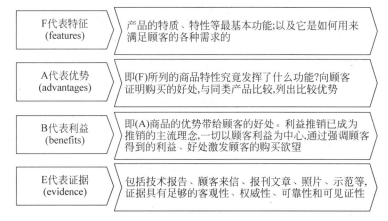

图 3-16　FABE 原则

在商品详情页的优化设计中可以参照 FABE 原则,让商品的描述更具诱惑力与说服力。商品详情页的描述相当于实体店中的推销员,过于死板的信息内容就像推销员的服务态度过于生硬一样,会让消费者感到郁闷与生疏,使消费者早早关闭页面。简单来说,FABE 原则是一种通过四个关键环节来解答消费者诉求,巧妙地处理消费者关心的问题,从而顺利实现商品销售诉求的销售模式。

要想吸引消费者购买商品,必须重视商品详情页的逻辑结构,并按照图 3-17 所示的要求来设计,突出商品卖点,合理搭配图片和文字。只有这样,商品详情页才能真正对整个店铺的商品销售起到促进和推动作用。

# 任务操作：搜索引擎优化

小王根据前辈的建议,想要进行搜索引擎优化。

步骤一：针对自己的店铺,开通特色服务。

步骤二：进一步熟悉淘宝网规则,避免作弊违规行为。

步骤三：准确选择商品所在类目,完整填写属性信息。

步骤四：优化商品标题,具体分为以下两步。

(1) 查找关键词。

(2) 拆分与组合关键词。

步骤五：优化商品详情页。

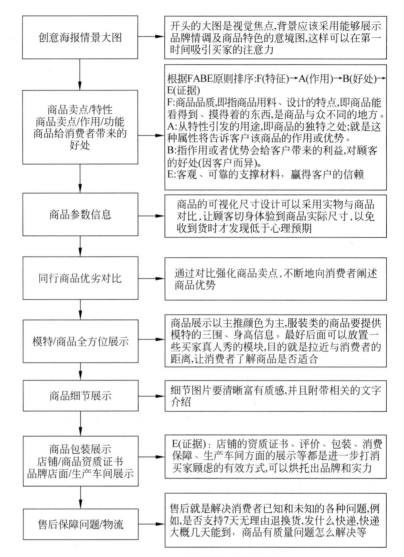

图 3-17　商品详情页的逻辑结构

（1）确定目标消费人群。

（2）进行详情页内容优化。

# 任务评价

| 班　　级 | | 姓　　名 | | 日　　期 | |
|---|---|---|---|---|---|
| 任务名称 | 搜索引擎优化 | | | | |
| 知识要点 | 1. 掌握搜索引擎优化的概念和原理；<br>2. 能够进行搜索引擎优化 | | | | |

续表

| 实践过程记录 |
| --- |
| 一、学习记录 |
| 二、反思改进 |

| 评分 | 自评(30%) | 互评(40%) | 师评(30%) | 总成绩 |
| --- | --- | --- | --- | --- |
| 成绩 | | | | |
| 评价人 | | | | |

# 任务二　搜索引擎营销

## 任务引入

小李的网店成功开通,店面装修精美,商品发布完毕,商品描述详尽动人,商品质量一流,但却迟迟没有订单。前辈告诉他,要主动推广自己的产品,做好搜索引擎营销。

**思考**:小李如何主动推广自己的产品呢?

## 知识准备

## 一、了解搜索引擎营销

### 1. 搜索引擎营销的概念

搜索引擎营销(search engine marketing,SEM)是根据用户使用搜索引擎的方式,利用用户检索信息的机会,尽可能将营销信息传递给目标用户。搜索引擎营销的

微课:付费
流量的
引入

基本思想是让用户发现信息,并通过搜索引擎搜索并点击进入网站或网页,进一步了解所需要的信息。

### 2. 搜索引擎营销的基本模式

1) 免费登录分类目录

免费登录分类目录是传统的网站推广手段。企业将自己网站的信息在搜索引擎中免费注册,由搜索引擎将企业网站的信息添加到分类目录中。由于免费登录分类目录不能快速精准地获得很好的排名,这种方式已经越来越无法满足需要快速获得流量的商家的要求。

2) 搜索引擎优化

搜索引擎优化即利用搜索引擎的搜索规则来提高目前网站在有关搜索引擎内的自然排名,是通过对网站本身的优化来获得比较好的搜索引擎排名。上节已经介绍过搜索引擎优化的方法,这里不再赘述。

3) 关键词广告

关键词广告在特定关键词检索时出现在搜索结果页面的显著位置,通过提高关键词竞价排名,可以获得大量流量,其针对性非常强。关键词广告一般采用点击付费的方式,也即 CPC(cost per click)的模式。提供点击付费的网站非常多,主要有各大门户网站(如搜狐、新浪)、搜索引擎网站(如百度搜索、360 搜索)、电子商务平台(如淘宝网、京东)以及其他流量较大的网站。

下面主要介绍淘宝网的付费推广工具——直通车。

## 二、直通车推广

### 1. 直通车简介

直通车是由阿里巴巴集团下的雅虎中国和淘宝网进行资源整合推出的按点击付费的一种全新的搜索竞价模式。类似于 Google Adwords、百度竞价广告,卖家设置与推广商品相关的关键词和出价,在买家搜索相应关键词时,推广商品获得展现和流量,实现精准营销,卖家按所获流量(点击数)付费。

### 2. 直通车的推广位

1) 关键词搜索页

(1) PC 端的关键词搜索页有左侧 1～3 个、右侧 16 个(见图 3-18)、底部 5 个(见图 3-19)带有"掌柜热卖"标识的推广位置。

(2) 移动端的搜索页每隔 5 个或 10 个宝贝有 1 个带"HOT"标的展示位(见图 3-20)。

2) 其他展示位

除关键词搜索页外的其他页面(如购物车、热卖单品、猜你喜欢)具有"HOT""掌柜热卖"字样的展示位,如图 3-21 所示。

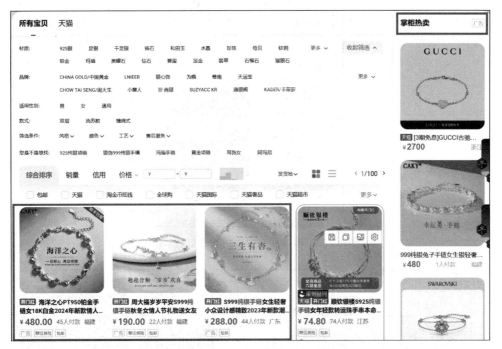

图 3-18　PC 端搜索页左侧和右侧的直通车推广位

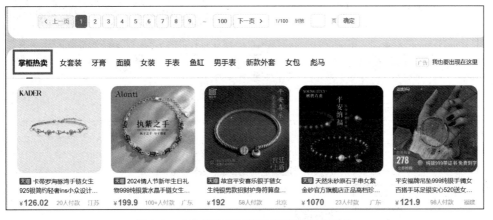

图 3-19　PC 端搜索页底部的直通车推广位

按照不同的直通车推广方式还有很多推广位,如 PC 端的阿里旺旺、每日焦点、掌柜热卖、我的淘宝首页("猜我喜欢"第三行)、我的淘宝("已买到宝贝"底部和购物车底部)、我的宝贝(收藏列表页底部)、淘宝首页热卖单品、旺旺焦点图位置、淘宝交易详情页位置等。

### 3. 直通车推广流程

进入淘宝网,打开"营销中心",单击"我要推广",从"营销入口"中找到"淘宝直通车"(见图 3-22),签署服务协议,开通并充值成功即可用直通车进行关键词推广。

65

图 3-20　移动端搜索页的直通车展示位

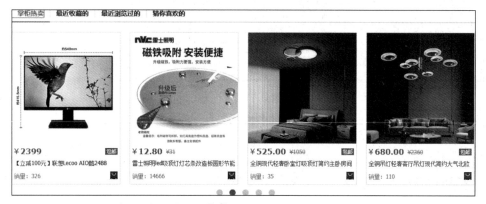

图 3-21　购物车页面的直通车展示位

图 3-22　直通车入口

1）新建推广计划

一般来说最多有 4 个推广计划，如不够可以申请 8 个推广计划，推广计划一旦建立不能删除，只能修改名称，如图 3-23 所示。

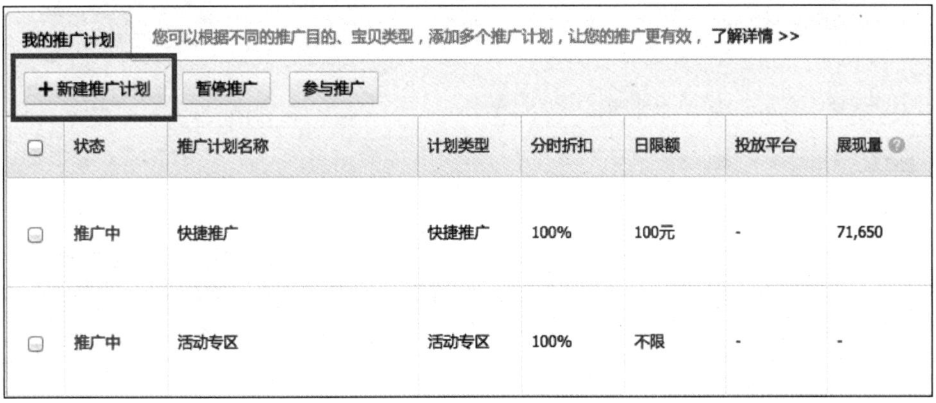

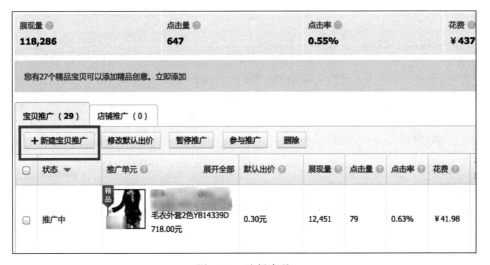

图 3-23　新建推广计划

2）选择商品

在一个推广计划下，商品的数量不受限制，可以选择"新建宝贝推广"添加所有商品，通过测试的方式来决定后期重点投放哪些商品，如图 3-24 所示。

图 3-24　选择商品

3）添加创意

创意分为创意图片和创意标题。创意图片可以在主图中选一张，创意文字尽量选择一些促销、推荐等引人注目的文字，如图 3-25 所示。

4）添加关键词、设置出价

关键词可以在均衡包、流量包、转化包、移动包里选择。对新手卖家，建议先在转化包里选词，如图 3-26 所示。

67

图 3-25　添加创意

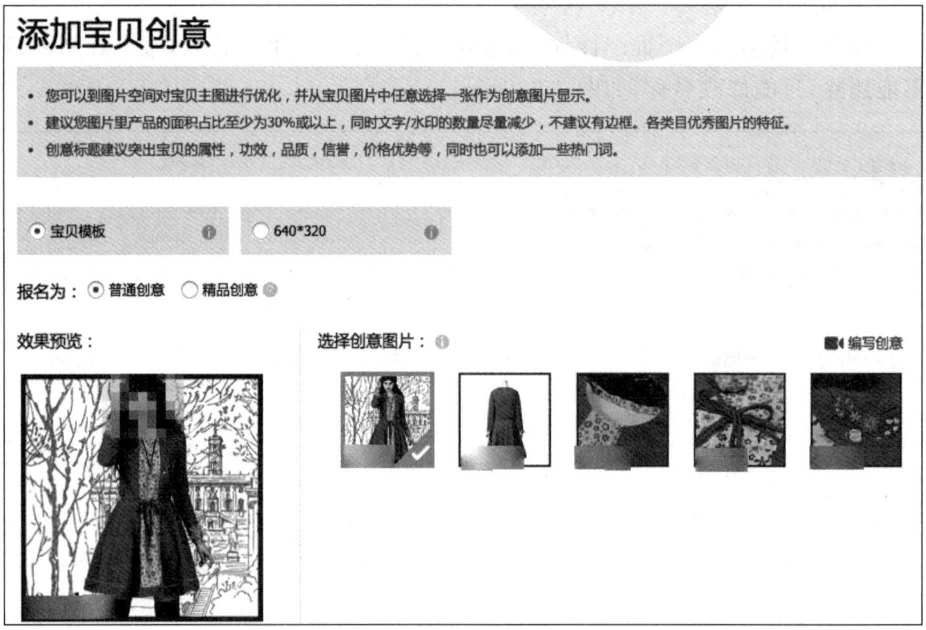

词包推荐　词推荐　　　　　　　　　　　　同步淘宝网搜索，请点击查看系统推荐的关键词

全部　热搜　趋势　捡漏　新品　　　　　　　　　　指标筛选　全部

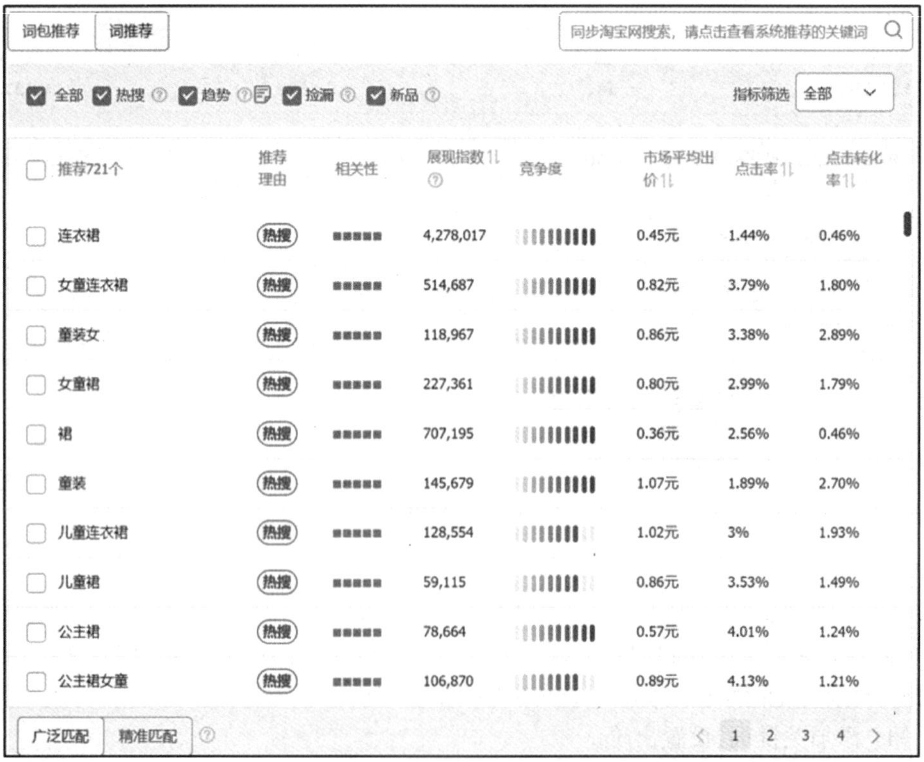

| 推荐721个 | 推荐理由 | 相关性 | 展现指数 | 竞争度 | 市场平均出价 | 点击率 | 点击转化率 |
|---|---|---|---|---|---|---|---|
| 连衣裙 | 热搜 | ■■■■■ | 4,278,017 | ‖‖‖‖‖‖ | 0.45元 | 1.44% | 0.46% |
| 女童连衣裙 | 热搜 | ■■■■■ | 514,687 | ‖‖‖‖‖‖ | 0.82元 | 3.79% | 1.80% |
| 童装女 | 热搜 | ■■■■■ | 118,967 | ‖‖‖‖‖‖ | 0.86元 | 3.38% | 2.89% |
| 女童裙 | 热搜 | ■■■■■ | 227,361 | ‖‖‖‖‖‖ | 0.80元 | 2.99% | 1.79% |
| 裙 | 热搜 | ■■■■■ | 707,195 | ‖‖‖‖‖‖ | 0.36元 | 2.56% | 0.46% |
| 童装 | 热搜 | ■■■■■ | 145,679 | ‖‖‖‖‖‖ | 1.07元 | 1.89% | 2.70% |
| 儿童连衣裙 | 热搜 | ■■■■■ | 128,554 | ‖‖‖‖‖‖ | 1.02元 | 3% | 1.93% |
| 儿童裙 | 热搜 | ■■■■■ | 59,115 | ‖‖‖‖‖‖ | 0.86元 | 3.53% | 1.49% |
| 公主裙 | 热搜 | ■■■■■ | 78,664 | ‖‖‖‖‖‖ | 0.57元 | 4.01% | 1.24% |
| 公主裙女童 | 热搜 | ■■■■■ | 106,870 | ‖‖‖‖‖‖ | 0.89元 | 4.13% | 1.21% |

广泛匹配　精准匹配　　　　　　　　　　　　　　　1　2　3　4

图 3-26　添加关键词、设置出价

课堂笔记

（1）关键词匹配方式可以分为精确匹配和广泛匹配。精确匹配时，只有当买方搜索的词与卖方投放的关键词完全相同才能被搜索到商品；广泛匹配时，买方搜索的词与卖方投放的关键词有一部分相同即可搜索到商品。

（2）设置出价。在关键词推广页面，找到"搜索人群"，在"核心客户""潜在客户""自定义人群"中设置出价及溢价比例。这里的溢价是指愿意为指定的流量（访客定向、兴趣点定向或群体定向）加价，也叫人群搜索溢价，如图 3-27 所示。

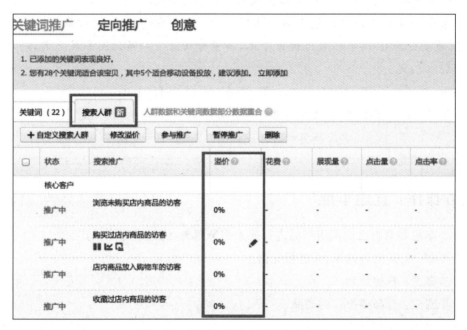

图 3-27　对不同搜索人群的溢价设置

例如：关键词出价 1 元，溢价比例 50％，此类人群出价 1.5 元。

5）直通车扣费模式

当买家点击推广的宝贝时，卖家才需付费，淘宝直通车会进行相应扣费。根据该关键词设置的价格，淘宝直通车的扣费小于或等于关键词出价，计算公式为

　　　单次点击扣费＝下一名出价×下一名质量分÷自己质量分＋0.01 元

　　　商品排名得分＝质量分×竞价价格

这里的竞价价格是指愿意为某一关键词一次点击所出的价格。质量分是一个反映直通车关键词推广情况的动态指标，涉及：①关键词与问商品本身信息的相关性；②关键词与商品类目和属性的相关性；③关键词与商品在淘宝上推广的反馈，包括成交、收藏和点击；④账户的历史记录，根据账户内的所有推广和关键词的反馈计算得出；⑤商品详情页质量；⑥其他相关因素，如图片质量、是否有售后保障、是否存在某些严重违规行为、是否有处罚等；⑦其他淘宝推荐重要属性，如化妆品是否假一赔三等。

**课堂笔记**

 **小贴士** **直通车扣费计算**

（1）关键词的实际点击价格只会比出价低。

（2）关键词排在所有推广结果的最后一名或是唯一一个可以展现的推广结果，则点击价格为该关键词的最低出价标准。

（3）通常来说，质量分越高，该关键词的点击价格越低。

某个关键词的推广位置上第 1 名出价为 2 元，质量分为 1.4，第 2 名出价为 3 元，质量分为 0.7，第 3 名出价为 1 元，质量分为 1.4。那么点击第 2 名，一次会扣费（ ）元。

A. 3　　　　B. 1.01　　　　C. 2.01　　　　D. 4.01

解析：点击第 2 名，他的下一名是第 3 名，可知

$$单次扣费 = (1 \times 1.4) \div 0.7 + 0.01 = 2.01$$

所以本题答案为 C。

# 任务操作：直通车推广

小李想要对自己的网店产品进行搜索引擎营销，通过直通车推广。

步骤一：开通直通车，并进行充值。

步骤二：新建计划。

步骤三：选择要推广的商品。

步骤四：添加创意。

步骤五：添加关键词，设置对应的出价。

# 任务评价

| 班　级 | | 姓　名 | | 日　期 | |
|---|---|---|---|---|---|
| 任务名称 | 搜索引擎营销 | | | | |
| 知识要点 | 1. 掌握搜索引擎营销的概念和原理；<br>2. 能够进行搜索引擎营销 | | | | |
| 实践过程记录 | | | | | |
| 一、学习记录 | | | | | |

续表

| 二、反思改进 | | | | |
|---|---|---|---|---|
| | | | | |
| 评分 | 自评(30%) | 互评(40%) | 师评(30%) | |
| 成绩 | | | | 总成绩 |
| 评价人 | | | | |

# 任务三　站外推广

## 任务引入

小芳是一家坚果企业的店铺运营人员,经营店铺一年多,目前店铺流量稳定,拥有固定的顾客和粉丝。但是小芳还希望通过站外其他平台引流并获得更多的流量和粉丝。

**思考**:小芳可以选择哪些站外推广平台呢?

## 知识准备

运用网络资源宣传店铺是店铺站外推广的主要手段,免费的网络推广手段包括微博、微信等多种形式。

## 一、微博推广

微博是一个公开的社交平台,通过微博可以达到实时发布和显示消息的目的,微博的用户数量非常大,因此很多人选择将微博作为推广平台。

使用微博进行推广时,首先需要注册一个微博账号,然后引导买家关注店铺微博,通过微博不时为买家推送各种活动信息,吸引其前来购买。

(1)店铺名称设置:在注册微博时、微博名称最好设置为店铺名称,也可在其中添加店铺的类目和品牌等。

(2)个性域名设置:微博的个性域名最好与店铺有联系,如店铺的全拼等,这样能使微博用户一目了然地看到店铺品牌,记住店铺名称,如图3-28所示。

(3)个人标签设置:在注册微博的过程中,微博会引导用户进行个人标签设置。在设置个性标签时,可选择与自己的商品、行业相关的标签。在设置好标签后,微博

图 3-28　微博个性域名设置

通常会主动推荐标签相同的用户,通过该推荐可拓宽社交圈,与性质相同的微博进行友好互动。

微博设置是微博注册中非常重要的一个环节,特别是对需要推广品牌的官方微博而言。可以在个人资料中对店铺进行简单描述,展示店铺的属性和文化,为店铺建立起良好的形象,还可以添加店铺的链接,方便用户直接进入店铺查看并购买商品。

在发布信息时,最好发布原创的内容,同时善用网络热门话题获得较高的流量。

扩展阅读:
流量推广

# 二、微信推广

微信是一个用户基础非常大的即时通信软件,主要应用于移动端设备上。随着智能手机、平板电脑等移动端电子设备的普及与发展,微信受众的数量越来越大,甚至拓展到老年人群,其大众化和即时性的特点,使微信推广具有非常大的发展空间和可观的推广效果。

## 1. 微信朋友圈推广

微信朋友圈是微信推广中比较常见的一种方式,图片、活动、店铺宣传等都可以发送到朋友圈中进行推广,但是朋友圈中的内容一般只能由微信好友查看,因此局限较大。为了扩大商品在朋友圈的影响范围,店铺可以通过策划活动、会员管理等方式,引导和邀请买家添加店铺的微信号,再通过淘宝网制作手机宣传海报,发送至朋友圈增加点击量。

## 2. 微信公众平台推广

微信公众平台是一种通过公众账号推广媒体信息的平台,商家通过申请微信公众账号进行自媒体活动,如通过二次开发展示商家微官网、微会员、微推送、微支付、微活动、微报名、微分享、微名片等。微信公众平台已经发展成一种主流的线上线下互动营销方式。按照微信公众账号性质的不同,可将其分为服务号、订阅号、小程序、企业微信,如图 3-29 所示。

不管是哪种类型的公众账号,其目的都是为个人或者企业创造价值,而创造价值

账号分类

**服务号**

给企业和组织提供更强大的业务服务与用户管理能力，帮助企业快速实现全新的公众号服务平台。

**订阅号**

为媒体和个人提供一种新的信息传播方式，构建与读者之间更好的沟通与管理模式。

**小程序**

一种新的开放能力，可以在微信内被便捷地获取和传播，同时具有出色的使用体验。

**企业微信**　原企业号

企业的专业办公管理工具。与微信一致的沟通体验，提供丰富免费的办公应用，并与微信消息、小程序、微信支付等互通，助力企业高效办公和管理。

图 3-29　微信公众账号分类

的前提是做好推广内容。微信公众平台推广步骤如下。

1）账号注册

在微信平台注册公众账号时，首先需要明确该公众账号是作为个人账号还是企业账号来运营，一般建议将账号规划成一个品牌来进行运营，即在微信、微博等媒体中都使用相同的账号名称，从而更好地发挥品牌优势。

2）内容编写

微信推广的内容一般为图文结合的形式，文字要求排版整齐，图片要求精致美观，内容要具有可读性，可以吸引用户进行阅读，比如以趣味软文的形式做推广，可引起用户的兴趣，拉近与用户的距离，同时策划的店铺活动也可通过微信公众号进行宣传。内容编写完成后，可以同时发布到其他自媒体平台上。

3）用户互动

在微信公众号中，可以设置"购买产品""我的服务""活动推荐"等菜单，并可在菜单中分别设置相关的子菜单，为用户提供查询服务。此外，发布内容后会收到部分用户的回复，此时需要多与用户互动，对用户的问题进行选择性的回复，以维护用户关系。对类似的问题，可以设置自动回复或关键词回复。可以在回复中添加相关文章，用户回复关键词，不仅可以查看对应的文章，还可以查看历史文章。

　**管理微信公众账号**

现在网上有很多提供微信公众账号管理服务的平台，借助这些平台的功能和资源，可以更加方便地进行管理。

## 三、电子邮件推广

电子邮件推广是指通过发送电子邮件的方式进行推广，其推广内容的编写方法与其他平台推广方式类似。在推广时以图文结合的方式为主，也可在推广内容中添加活动信息或商品链接。对内容进行编写时要真实可靠,重点明确,最好迎合邮件接收者的喜好和需求。邮件推广宜精不宜多,否则容易有广告骚扰之嫌,反而引起用户的反感。

**小贴士** **电子邮件推广的方法**

很多网站在注册时需要提供邮箱地址,通过这些邮箱地址,即可订阅和发送推广信息。以 QQ 邮箱为例,在收件箱中有专门的"广告邮件"分类,如图 3-30 所示。该分类中存放着所有已订阅的广告邮件,用户进入该分类即可查看相应的推广信息。

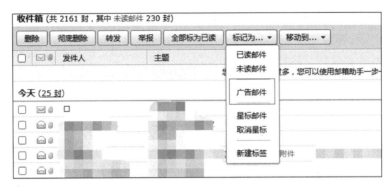

图 3-30　QQ 邮箱广告邮件分类

## 四、BBS 论坛推广

BBS 论坛推广主要是通过编辑和发布与店铺有关的帖子或链接地址来推广店铺。这种推广方式主要是对潜在用户的推广,因此要针对需要推广的客户类型选择对应的论坛,即选择目标客户经常访问的论坛来实现网店推广的目的。在论坛进行推广时,注意设置推广账号的头像和签名档,无论是发帖还是回帖都要注重帖子的质量,帖子内容尽量图文结合,排版精美,将店铺活动和商品以积极的方式推荐给论坛的用户。

## 五、交换友情链接

交换友情链接也是一种店铺推广方式,通过与其他网站或店铺交换友情链接,可以形成一个网络圈子,互相增进彼此的影响力,是一种双方互赢的模式。但是在交换友情链接时,一定要尽量选择相同大类、不同小类的店铺链接,避免圈内竞争。

## 六、营销软文推广

### 1. 营销软文的概念

软文,顾名思义是相对于硬性广告而言的,它是由企业的市场策划人员或广告公司的文案人员来负责撰写的文字广告。软文其实就是广告,不过由于它的伪装性,所以看起来并不像广告,其目的是使读者看了文案后,潜移默化地将产品植入读者的脑海中,最终达到类似广告传播的效果。

### 2. 营销软文推广的方式

在如今网络竞争激烈的商业社会,软文在推广中十分重要,那么怎样在软文中插入广告能够自然地让消费者接受呢?

1) 经验分享型

分享个人的经验和心得,过程中融入产品使用经验,这在写教程类的文章时比较常见。

2) 借用第三者的身份

借用第三者的身份推荐产品,例如引用某专家的言论、某网站的统计数据、某人的话,用这个方式确保内容是真实的。这种方式引入的文字建议不要太长。

3) 以标题关键词形式植入

将植入的关键词拟人化,如"康师傅认为……"这类植入方式尽管没有太多地融入产品信息,但是因为关键词及内文多次带有产品、商标或者公司名称,既能传达一种理念,又能达到被搜索引擎收录的效果。

4) 故事揭秘

故事揭秘是围绕植入的广告编故事,一切都是以这个需要植入的广告为线索展开的。这种植入尽管会让读者意识到是软文,但是只要故事新颖,大胆创新,读者还是会看完的。

5) 评比类话题

评比类话题可以激发读者的好奇心,潜移默化地影响读者的消费心理。例如,"2021年防晒霜十大品牌排行榜""2021年口碑超好的六大防晒霜盘点"等就用了这种方式。

6) 版权信息

注明版权信息最为简单实用,只需要找出潜在客户群体,找出他们感兴趣的话题,创作相关话题的文章,内文不需要刻意琢磨如何植入广告,只需要在文章的最后加上版权信息,如"本文为×××原创,如需转载请注明出处"。

7) 插图及超链接形式植入

可以借助插图或者超链接,引导客户进入相关网页,达到营销推广的目的。

**小贴士　营销软文推广的应用**

营销软文推广一般会在论坛、微博和微信中使用,而这几个地方,如果软文帖不能做到一鸣惊人,那么很快就会"沉下去",达不到推广的效果。所以如果想做好推广,申请精华帖是必须争取的一件事。不同论坛或博客有不同的"申精"要求,一般要做到两点:一个是高质量的软文帖;另一个是浏览量和回复量要有一定的基数。

# 任务操作：营销软文推广

小芳想要通过营销软文的形式对自己的产品和店铺进行推广，获得更多的流量和客户。

步骤一：营销软文标题设计。一个好的营销软文，标题必须简洁明了，一针见血，耐人寻味。

步骤二：营销软文开头设计，应与标题相呼应，引导用户阅览正文，好的开头是成功的一半。

步骤三：营销软文正文布局设计，应清晰直观，方便阅读。

步骤四：营销软文结尾设计，可鼓励用户做出收藏、评论、转发、购买等相应动作。需要注意，部分平台严禁诱导转发的行为。

# 任务评价

| 班　　级 | | 姓　　名 | | 日　　期 | |
|---|---|---|---|---|---|
| 任务名称 | 站外推广 | | | | |
| 知识要点 | 1. 微信公众号营销；<br>2. 营销软文的写作技巧 | | | | |
| 实践过程记录 | | | | | |
| 一、学习记录 | | | | | |
| 二、反思改进 | | | | | |
| 评分 | 自评（30%） | 互评（40%） | 师评（30%） | 总成绩 | |
| 成绩 | | | | | |
| 评价人 | | | | | |

# 任务四　网店促销策略

## 任务引入

小刘开了一家淘宝服饰店,最近她在店内展开了打折促销活动,然而活动效果并不理想。通过分析发现,原因是店铺所有的商品都参与一样的活动,再加上店铺内商品的款式风格也极为相似,买家不仅觉得毫无冲击感,还容易产生视觉疲劳。那么如何成功地开展促销活动呢?

## 知识准备

网店促销是指店铺通过特价、优惠等形式刺激消费者购买商品的行为,店铺经营者想要打造爆款商品,扩大店铺产品的销量,必须策划必要的网店促销活动。策划促销活动的意义有很多,如处理库存、提高销售额、推销新品、提升品牌认知度、提高店铺竞争力和影响力等,其中提高销售额、提高店铺竞争力和影响力是策划促销活动的主要目的。

微课:网店
活动流量
的引入

# 一、策划店内促销活动

## 1. 店内基本推广设置

店内基本推广是对店铺的名称、留言回复、宝贝推荐等基本内容进行设置,以加深买家的印象,方便买家的搜索和收藏,从而起到隐性的广告作用。

1) 设置店铺名称

店铺名称是店铺的标志之一,一个好的店铺名称有利于买家记住店铺,对店铺的后期发展十分有利。一般来说,店铺名称的设置应遵循以下四个原则。

(1) 易读易记:设置店铺名称最根本的原则就是必须易读易记,只有这样才能充分实现识别和传播的功能,慎用生涩拗口的文字。

(2) 简洁新颖:简洁新颖的店铺名称更易引起买家的注意,也更便于记忆。

(3) 呼应商品:如果想让店铺名称更独特、更有个性,那么可以让名称与商品类别、属性、用途、特点等相呼应,使买家产生联想,这样不仅可以宣传店铺,还能从侧面对商品进行介绍,如智宝母婴玩具、孕味食足旗舰店。

(4) 积极健康:店铺名称要积极健康,使人产生愉快的感觉,这样容易带给买家良好的第一印象,反之则容易使买家产生抗拒和抵触。

2) 回复买家评论

买家评论区是买家评价商品的地方,也是消费者在购买商品时非常关注的一个区域,对店铺转化率的影响非常大。作为卖家,可以在回复买家评价的过程中,巧妙地对店铺进行简单介绍,包括优惠信息、最新活动、商品购买和使用注意事项等,如图3-31

和图 3-32 所示。这种方法可以让买家在查看评论区时,更多地了解到商品的特征和店铺的服务,与其他买家进行互动,帮助部分新买家打消顾虑,从而赢得更多订单。

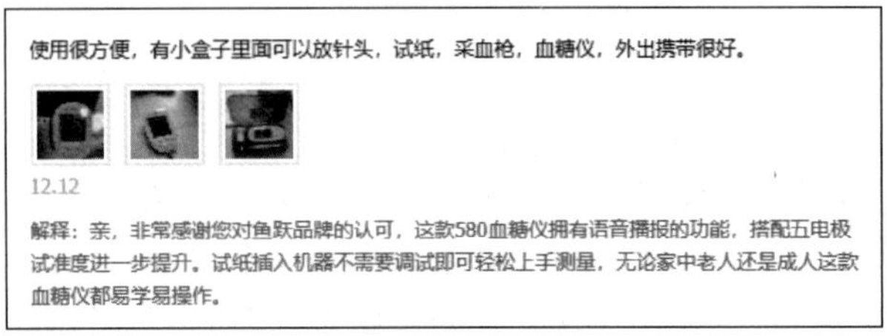

使用很方便,有小盒子里面可以放针头,试纸,采血枪,血糖仪,外出携带很好。

12.12

解释:亲,非常感谢您对鱼跃品牌的认可,这款580血糖仪拥有语音播报的功能,搭配五电极试纸准度进一步提升。试纸插入机器不需要调试即可轻松上手测量,无论家中老人还是成人这款血糖仪都易学易操作。

图 3-31　血糖仪店铺回复买家评论

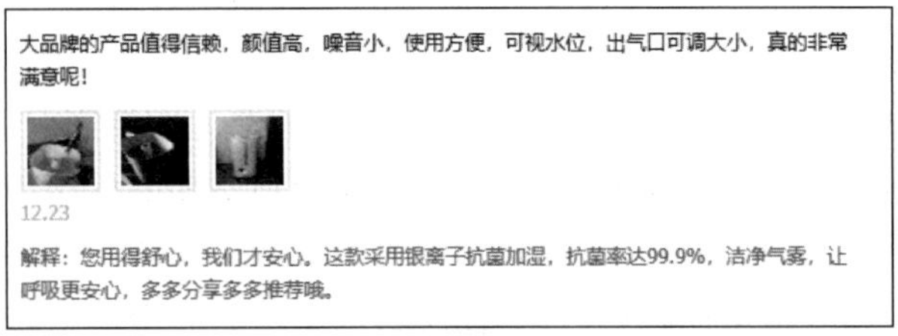

大品牌的产品值得信赖、颜值高、噪音小、使用方便,可视水位,出气口可调大小,真的非常满意呢!

12.23

解释:您用得舒心,我们才安心。这款采用银离子抗菌加湿,抗菌率达99.9%,洁净气雾,让呼吸更安心,多多分享多多推荐哦。

图 3-32　空气加湿器店铺回复买家评论

3)设置宝贝推荐

设置宝贝推荐是店内推广常见的一种方式,买家在查看商品详情后,通过宝贝推荐可以继续查看类似产品或关联产品。从卖家的角度来看,宝贝推荐不仅可以将店铺流量继续引入店铺内的其他商品,带动其他商品的销量,还可以作为一种促销策略,引导买家搭配购买。

## 2. 网店促销活动

网店促销活动一般是以给消费者提供优惠的形式来刺激消费者购买,常见的促销方式包括包邮、特价、赠品、优惠券、会员积分、抢购等。

1)包邮

包邮是一种刺激消费者一次性购买大量商品的促销形式。例如,可设置买家在店铺里购买总价格超过一定金额的商品时,即可享受包邮服务。包邮的价格设置不可过高,这样买家为了免除邮费,通常会选择足量商品。需要注意的是,该方法主要针对利润较少的商品,如果商品利润足够,则可以采用直接免邮的方式进行促销。

2)特价

特价是指在节假日、店庆、购物活动等时间段,定时或定量为部分产品推出的特价优惠。策划特价促销活动时,一般需要在商品价格上体现出价格的前后对比、活动时间以及商品数量等,让买家可以清楚地看到优惠,进而促进店铺的销量。

3)赠品

赠品是指买家在店铺消费时可获得卖家赠送的小礼品。赠送小礼品是网店经营者常用的一种方式,其目的是维护客户间关系,赢得买家好感。除此之外,也可采用达到一定消费额度就赠送某商品的方式。赠品的形式多种多样,不仅可以带给买家优惠,还可以借此推销新品。

4)优惠券

赠送优惠券是一种可以激励买家再次进行购物的促销形式,优惠券的种类很多,如抵价券、折扣券、现金券等,优惠券中一般需标注消费额度,即消费指定额度可使用该优惠券,同时在优惠券下方还可以将优惠券的使用条件、使用时间、使用规则等进行介绍。优惠券必须清楚地显示在店铺中,或明确显示优惠券的领取方式,让到店的消费者可以轻松看到信息,才能发挥更好的效果。

5)会员积分

电商平台的会员关系管理系统为卖家提供了会员管理的功能,通过该功能可为新老买家设置会员等级和会员优惠等,卖家也可将买家的消费额转化为消费积分,当积分累积到一定数量时,即可换购或低价购买商品,刺激买家进行重复消费。在设计会员积分制时,需要注明积分规则,如时间范围、兑换规则、兑换方式等。

6)抢购

抢购是一种可以刺激消费者购物行为的有效方式,很多网店都会不定期地推出商品秒杀活动,提供固定数量的商品,在指定时间开启通道供用户抢购,如"1元秒杀""10元秒杀""前3分钟半价"等。抢购由于优惠巨大,不仅会吸引老客户,还可以吸引新客户,引起消费者的广泛关注,这样既推广了品牌,又带来了更多潜在的消费者。

## 二、参加免费试用

### 1. 淘宝试用中心

淘宝试用中心是一个由商家提供试用品供买家试用的场所,其中聚集了百万个试用机会和试用商品,试用者试用商品后可以提交全面、真实的使用报告,为消费者提供购买建议,如图3-33所示。作为卖家,可以通过试用中心对店铺和商品进行宣传和推广,提高品牌影响力。

图3-33　淘宝试用中心首页

消费者也可以在移动端打开手机淘宝,进入"我的淘宝",进入"天猫 U 先",如图 3-34 所示。

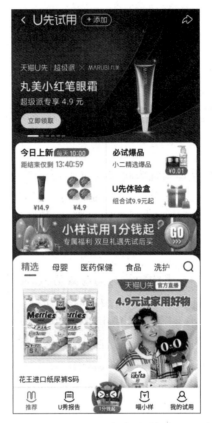

图 3-34 "U 先试用"首页

## 2. 试用中心报名条件

试用中心的活动可以推广品牌,提升品牌影响力,获得更多潜在客户和商品收藏,是比较受卖家青睐的一种推广方式,但淘宝网也对试用中心的报名条件设置了不同的要求。

1)店铺要求

(1)淘宝集市店铺:店铺必须加入消费者保障服务,店铺信誉需要为一钻以上,店铺好评率要在 99% 以上,店铺评分要在 4.6 以上。

(2)商城店铺:店铺综合评分 4.6 分以上。

(3)店铺 90 天内没有因为商品质量问题被顾客投诉。

(4)店铺已加入七天无理由退换货保障服务。

2)商品要求

(1)试用品必须是原厂出产的合格全新且在保质期内的产品。

(2)试用品总价值(报名价×数量)需不低于 1500 元,价格不得虚高。

(3)彩妆美容、珠宝配饰、日化、护理等类目,一定要有假一赔三或者分销平台品牌授权。

（4）保健品、食品类产品需要有生产日期，并且需要有进口食品标记或者 QS。

（5）试用品免费发货给顾客，提供使用报告，产品不需要返还给店家。

### 3. 试用中心报名流程

当店铺满足店铺要求和商品要求后，即可申请参与试用，图 3-35 为淘宝试用中心报名流程。

试用流程

图 3-35　淘宝试用中心报名流程

## 三、淘宝直通车

### 1. 直通车的作用

淘宝网通过直通车流量的点击数进行收费，可以精准推广商品，是淘宝网卖家进行宣传推广的主要手段。当买家单击展示位的商品进入店铺后，将产生一次店铺流量，当买家通过该次点击继续查看店铺其他商品时，即可产生多次店铺跳转流量，从而形成以点带面的关联效应。此外，直通车可以多维度、全方位提供各类报表以及信息咨询，卖家可快速、便捷地进行批量操作，根据实际需要，按时间段和地域来控制推广费用，提高目标消费者的定位精准程度，降低推广成本，提高店铺的整体曝光度和流量，最终达成提高销售额的目的。

### 2. 直通车的产品分类

淘宝直通车的推广形式根据匹配技术和展现内容的不同，可以分为全域搜索、定向推广、店铺推广等类型。

1）全域搜索

全域搜索的推广形式为卖家设置与推广商品相关的关键词和出价，在买家搜索相应关键词时，推广商品获得展示和流量，实现精准营销，卖家按所获流量，即点击数付费。当卖家加入淘宝或天猫直通车时，即默认开通搜索营销。

（1）展示形式：在显著位置展示创意图、创意标题、价格、销量，并在展现位置打上"掌柜热卖"标识。

（2）展示位置：全域搜索的直通车展示位主要包括关键词搜索结果页右侧的12 个位置；关键词搜索为结果页底部的 5 个位置；首页搜索文字链为点击后搜索结果页中部前 4 个位置、淘宝网热卖页面、爱淘宝页面位置（主要由站外进入爱淘宝页面）。

（3）展示规则：淘宝直通车目前的排名规则是根据关键词的质量得分和关键词

的出价综合衡量出商品排名,质量得分是系统估算的一种相对值,主要用于衡量卖家关键词、商品推广信息和淘宝网用户搜索意向之间的相关性,其计算涉及基础分、创意效果、相关性、买家体验等。

(4) 扣费多种类型,包括方式:买家搜索一个关键词时,设置了该关键词的商品就会在淘宝直通车的相应展示位出现。当买家点击该推广的宝贝时,卖家即需付费,淘宝直通车根据卖家对该关键词设置的价格进行相应扣费。质量得分越高,所需付出的费用越低。

2) 定向推广

定向推广是一种可以精确锁定目标客户群的推广方式,它可以从细分类目中抓取特征与买家兴趣匹配的推广商品,根据买家浏览购买习惯和对应网页内容,由系统自动匹配出相关度较高的商品,并结合出价及商品推广带来的买家反馈信息进行展现,帮助卖家锁定潜在客户,实现精准营销。出价高且买家反馈好评信息,则定向推广展现概率更大。同时,系统会根据商品所在类目下的属性特征及标题匹配商品,商品属性填写越详细,被匹配概率越大。

(1) 定向推广准入要求:淘宝店铺开通定向推广的信用级别需要一钻以上(包含一钻)。

(2) 扣费规则:按点击计费,根据卖家为商品设置的定向推广出价,单次扣费不会大于卖家的出价。

(3) 展现形式:定向推广是以"一跳"或"二跳"的形式进行展现的,即在卖家商品图片展示的页面点击商品图片,跳转到商品详情页或集合页,跳转到商品详情页则按"一跳"收费,跳转到集合页上,则点击商品展示在集合页的第一位,此时点击后才会扣费。

(4) 展现位置:定向推广的展现位置在买家浏览必经页面上,是拥有众高流量、高关注度的展位,如PC端的阿里旺旺每日焦点掌柜热卖、我的淘宝首页等,以及网易、新浪、搜狐、环球网、搜狐视频、爱奇艺、乐视网等大型媒体网站的优质位置。

3) 店铺推广

店铺推广是淘宝推出的一种通用推广方式,适合向带有模糊购买意向的买家推荐,满足卖家同时推广多个同类型商品、传递店铺独特品牌形象的需求,店铺推广可以有效补充单品推广,吸引买家进入店铺所有同类型商品的集合页面,为客户提供更广泛的浏览空间。店铺推广可以推广除单个商品详情页之外的店铺任意页面,包括分类页面、商品集合页面和导航页面,结合设置的关键词为卖家带来更多的精准流量。

(1) 推广投放方式:店铺推广目前有关键词和定向两种推广投放方式,关键词推广是基于搜索营销的一种通用推广,用户通过"店铺推广搜索"可对店铺首页或分类集合页进行推广,通过设置与推广页面相关的关键词和出价,在买家搜索关键词时获得展现与流量,按照所获得流量付费;定向推广基于店铺,依靠淘宝网庞大的数据库,抓取与买家兴趣匹配的推广内容,推广除商品详情页外的任意店铺页面,如店铺首页、导航分类页、活动页面、商品集合页面等。

（2）店铺推广准入要求：用户应为淘宝、天猫直通车的用户，同时须为四钻以上的用户，且用户店铺主营类目应符合相应开通条件。

（3）扣费规则：店铺推广关键词和推广定向都按点击计费，根据卖家推广内容设置出价，单次扣费不会大于出价。

（4）展现形式：关键词推广展现形式为当买家将鼠标指针移动到商品图片上时，将显示天猫店铺的店铺 Logo 或集市店的店铺等级。定向推广展现形式为图片形式或者图片加标题的形式。

（5）店铺推广展现位置：店铺推广搜索资源位置主要包括搜索结果页右侧下面 3 个展示位、搜索结果页店家精选"更多热卖"进入的店铺集合页、淘宝类目频道搜索结果页右下方 3 个展示位，店铺推广定向站内资源位置主要包括站内商搜位置、旺旺焦点图位置、淘宝交易详情页位置、收藏夹位置、淘宝收获成功页面位置、淘宝首页第二屏右侧 Banner 位置、焦点图右侧 Banner 位置。

淘宝直通车的推广不仅支持 PC 端的推广服务，也支持移动端的推广，并且为移动端的商品推广提供了丰富的推广位置。

# 四、参加智钻

淘宝智钻就是淘宝推广中的钻石展位，主要依靠图片创意吸引买家点击，从而获取巨大流量。智钻为卖家提供了数量众多的网内优质展位，包括淘宝首页、内页频道页、门户、画报等多个淘宝站内广告位，以及搜索引擎、视频网站、门户网站等多个站外媒体展位。

进入"千牛卖家中心"，在左侧导航栏"营销中心"中的"我要推广"即可打开"钻石展位"，登录后台，单击"我要加入"，报名并充值就可以开通和加入钻石展位了。

## 1．智钻的类型

1）展示广告

展示广告以图片展示为基础，以精准定向为核心，是面向全网精准流量实时竞价的展示推广平台，支持按展示付费（CPM）和按点击付费（CPC），为客户提供精准定向、创意策略、效果监测、数据分析、诊断优化等一站式全网推广投放解决方案，帮助客户实现高效、精准的全网数字营销。

（1）展示位置：包含淘宝网、天猫、新浪微博、网易、优酷十豆等几十家站内外优质媒体的上百个大流量优质展位。

（2）创意形式：支持图片、Flash 等动态创意，支持使用钻石展位提供的创意模板制作。

（3）收费方式：在按展示付费的基础上，增加按点击付费的结算模式。

（4）投放方式：选择资源位，设定定向人群，竞价投放，价高者得。

2）移动广告

移动广告是通过移动设备（手机、平板电脑等）访问 App 或网页时显示的广告，主要形式包括图片、文字链、音频等。随着移动电子产品的发展,移动广告在受众人数上有了非常大的提升,可以根据用户的属性和访问环境,将广告直接推送至用户的手机上,传播更加精准。

（1）展示位置:网络视频节目(电视剧、综艺等)播放前/后插播视频贴片。

（2）展示形式:视频格式展示,时长为 15 秒以内。

（3）定向支持:除钻石展位常规定向外,还可支持视频主题定向,筛选热门动漫、影视、演员相关视频节目,精准投放。

（4）创意形式:可自主上传视频,也可在创意实验室中制作视频贴片。

3）视频广告

视频广告产品介绍是钻石展位为获取高端流量打造的品牌宣传类商业产品,可以通过视频广告在视频播放开始或结束时展现品牌宣传类视频,具有曝光环境一流,广告展现力一流等优势,配合钻石展位提供的视频主题定向,能够获取更精准的视频流量。

（1）展示位置:主要展现在国内主流视频网站,如 PPS、爱奇艺、优酷等大型视频媒体,在视频开始前用 15 秒视频进行播放,或在视频播放暂停时进行广告展现。

（2）展现形式:以视频格式进行广告内容的展示,展现形式更新颖。

（3）定向支持:针对视频网站提供视频主题定向,根据目前热播剧集的名称,进行主题定向。

（4）创意形式:视领支持 Flv、MPEG 等主流视频格式。

4）明星店铺

明星店铺是钻石展位的增值营销服务,按千次展现计费,仅向部分钻石展位用户开放。开通店铺服务之后,卖家可以对推广信息设置关键词和出价,当有用户在搜索框中输入特定关键词时,卖家的推广信息将有机会在搜索结果页最上方的位置获得展现,进行品牌曝光,赢得转化。

（1）展示位置:在淘宝 PC 端、移动端以及 UC 浏览器搜索结果页面最上方位置。

（2）展示形式:当搜索关键字触达投放广告的同时,即可在搜索结果页最上方位置得到展示,确保流量的精确性。

（3）创意形式:提供多样式创意模板,PC 模板和无线模板独立,模板由图片和多条文案构成,可满足消费者的需求。

（4）收费方式:按 CPM 收费,即按千次展现的方式进行收费。

## 2. 智钻准入要求

智钻与直通车一样,对淘宝和天猫卖家的准入资格进行了规定,只有满足要求的卖家才可申请智钻推广服务,具体要求如下。

（1）淘宝商家或者天猫商家的店铺 DSR 各项分数都在 4.4 分及以上。

（2）淘宝商家店铺的信用等级在一钻及以上,天猫商家没有等级要求。

（3）店铺没有因为违反淘宝规则出现严重扣分行为。

（4）店铺没有出售假冒商品、虚假交易等扣分处罚。

（5）店铺所经营商品的主类目在淘宝钻展支持的类目范围内。

### 3. 新建智钻推广计划

智钻推广计划与直通车推广计划一样，需要卖家根据实际情况进行新建和设置，智钻推广计划的新建过程主要包括选择营销目标、设置计划、设置单元、添加创意四个步骤。在"营销中心"栏中单击"我要推广"超链接，打开淘宝推广页面，在其中选择"钻石展位"选项，进入智钻推广页面，在顶部导航栏中单击"计划"选项卡，单击"新建推广计划"按钮，然后按照智钻的操作向导依次进行操作即可。

1）选择营销目标

智钻营销目标以全店自定义方式为主，可以自主设置定向人群、资源位和出价，方便卖家根据店铺情况实时掌握和优化推广数据，实现精准营销的目的，满足店铺多元化的营销要求。

2）设置计划

智钻推广计划包括展示网络和视频网络两种形式，通常以展示网络为主，卖家在新建计划时，需要对计划名称、付费方式、每日预算、投放日期、投放方式、投放地域、投放时间段等进行设置。

投放地域和投放时间的设置原则一般是在"高级设置"中选择投放地域和时间，然后根据店铺买家的地域分布和成交高峰进行选择。投放方式分为尽快投放和均匀投放两种。尽快投放是指合适流量预算集中投放，即就算设置了投放几个小时的投放时间段，但也可能在 1 小时内就消耗完投放预算；均匀投放指全天预算平衡投放，即将预算均匀分配到所设置的投放时段中。

3）设置单元

推广单元信息主要是针对定向和出价进行的操作，通过合理定向，将推广广告展现给更精准的目标消费人群，从而获得更精准的定向流量。目前钻石展位有群体定向、访客定向、兴趣点定向三种定向方式，定向的精准度从高到低依次为访客定向、兴趣点定向、群体定向、通投。

（1）群体定向：综合消费者历史浏览、搜索、收藏、购买等行为，确定消费者当前最可能点击的商品类型和价格偏向，提炼出 21 种主流商品类型；每种产品类型有高、中、低 3 种价格倾向。群体定向的优点是较广泛，但精准度较低，适用于需要大流量的情况。

（2）访客定向：综合消费者历史浏览、收藏、购买等行为，确定消费者与店铺的关联关系。广告主选定店铺 ID，系统可以向与选定的店铺有关联的访客投放广告。访客定向的优点是可以一次定向较精准的目标人群，可以维护老客户，同时共享竞争对手的客户和潜在客户。

（3）兴趣点定向：兴趣点定向和群体定向的原理基本类似，但兴趣点定向更精准，可选择的兴趣点个数高达 1500 个。兴趣点定向的优点是可以一次定向较精准的目标人群，定向直达细分类目。

在填写推广单元名称和选择定向时，建议新手卖家先关闭通投和群体定向，优先考虑设置更精准的访客定向。在设置访客定向时,可选择种子店铺或自主添加店铺,其中种子店铺是指通过输入的种子店铺,系统推荐与该店铺相似风格的相关店铺的访客进行定向;自主添加店铺是指输入若干个店铺的旺旺 ID,系统直接定向这些店铺的访客。自主添加店铺一般比种子店铺更精准,设置自主添加店铺时建议多选择几个店铺,并圈定合适的人数。在设置兴趣点定向时,可以输入某店铺的旺旺 ID 来获取相应兴趣点,一般输入自己的店铺旺旺 ID 即可,也可以直接搜索关键词,添加相应兴趣点。

设置好定向后,即可添加资源位,在添加时首先选择站内的资源位,即名称中带有"网上购物"的资源位,这种资源位少而精。选择资源位最主要的两个依据是日均可竞价流量和点击率(CTR)。分析和选择出较好的展位后,可以加入收藏并进行投放测试,测试效果良好则可长期投放。

4)添加创意

在添加创意之前,首先需要根据所选择的资源位的相应尺寸制作创意图片,因此在添加创意前,应该仔细查看资源位对应的创意要求,不符合的创意即使审核通过,也无法投放到所选资源位。在钻石展位后台"创意"页面中选择左侧导航栏中的"创意快捷制作"选项,系统会自动为店铺推广的商品应用快捷模板,选择"创意模板库"选项,可查看和自己行业产品相关的模板。创意制作完成后在"创意管理"中上传,等待审核。审核通过后,即可从创意库中选择该创意进行添加,保存推广单元。

# 五、参加淘宝天天特卖

天天特卖在天天特价基础上进行了进一步的升级和优化,是淘宝网为集市店铺中小卖家打造的扶持平台,用于扶持有特色货品、独立货源和一定经营潜力的中小卖家,提供流量和营销等方面的支持,如图 3-36 所示。

图 3-36　淘宝网天天特卖

## 1. 准入要求

为了选出优质卖家和商品,淘宝网对参加天天特卖的店铺和商品均提出了一定的要求,其主要内容如下。

1) 店铺准入要求

淘宝网规定、报名参加天天特卖的店铺必须符合以下要求。

(1) 符合《淘宝网营销规则》。

(2) 店铺信用等级为三星及以上。

(3) 开店时间≥90天。

(4) 已加入淘宝网消费者保障服务且保证金余额≥1000元,需加入"7天无理由退换货"服务。

(5) 实物商品交易≥90%,虚拟类目(如生活服务、教育、房产、卡券类等)除外。

(6) 近半年店铺非虚拟交易的DSR评分三项指标分别不得低于4.7(开店不足半年的自开店之日起计算)。

(7) 因严重违规(B类)被处罚的卖家,禁止参加活动。

(8) 因出售假冒商品(C类)被处罚的卖家,禁止参加活动。

2) 商品要求

淘宝网规定,报名参加天天特卖的商品必须符合以下要求。

(1) 商品库存≥50件,不限制上限。

(2) 最近30天交易成功的订单数量≥10件。

(3) 活动价格低于最近30天最低成交价格,商品不得有区间价格(多个SKU时必须是同一价格)。

(4) 必须全国包邮(港澳台地区除外)。

(5) 活动结束后的30天内,不得以低于天天特价活动价报名其他活动或在店铺里促销。若有违反,将按照《天天特卖卖家管理细则》进行相应处罚。

(6) 特殊资质:①运动户外类目商品需要符合《淘宝网运动户外类行业标准》;②食品类商品需要有QS资质或中字标或授字标。

(7) 商品报名信息应清晰、规整,商品标题和图片符合特定的格式要求。报名商品图片为480px×480px,仅支持JPG格式,主题明确且美观,不拉伸变形、不拼接、无水印、无Logo、无文字信息,图片背景为白底、纯色或者浅色。

(8) 报名商品标题必须在13个汉字或者26个字符内,且描述准确、清晰,严禁堆砌关键字。

(9) 所有提交报名的商品及活动页面素材须确保不存在任何侵犯他人知识产权及其他合法权益的信息。

## 2. 报名参加天天特卖

在报名参加天天特卖之前,建议卖家先对天天特卖报名活动的相关要求进行了解。可以在"卖家中心"的"我要推广"页面中选择"天天特卖"选项,打开"天天特卖"

页面,单击"我要报名"按钮,在打开的页面中选择报名日期和活动,然后单击"立即报名"按钮,在打开的页面中填写相关信息即可。

报名完成后等待淘宝网审核,活动开始前2~4天系统会发送信息通知商家审核结果。审核通过后卖家需根据活动要求在正式活动开始前两天的15点前,对活动商品进行相关设置,包括完善商品的库存信息,恢复商品原价,取消其他平台的促销价格,对需要参加活动的商品图片进行必要的美化,设置商品全国包邮,保持商品在线状态等。

**小贴士  天天特卖注意事项**

参加天天特卖的商品,需在标题前添加"天天特卖"字样,在活动前两天的15点后将锁定商品,商品锁定后不得修改标题、主图、价格、库存及包邮信息,活动期间如果商品是售罄就下架的,系统会自动屏蔽展示直到恢复上架,活动期间(包括预热)若使用其他优惠工具打折,价格不得低于特价活动价格。

## 六、参加聚划算

聚划算是淘系规模中爆发力最强的营销平台之一,汇聚了数量庞大的用户流量,具有非常可观的营销效果,商家通过参加该活动,可以打造超过店铺日销售量数倍的营销数据,获得更多的收益。聚划算对招商商品的要求较严格,除了基础招商标准外,还对不同类目的商品做出了不同的要求。招商商品通常需要缴纳一笔保证金和基础费用,聚划算将按照不同类目的费率进行收费。

聚划算主要包括商品团、品牌团、聚名品、聚新品、竞拍团五种类型,下面分别进行介绍。

### 1. 商品团

商品团是一种限时特惠的体验式营销模式,具有坑位多、参聚概率相对较大、主团展示、流量稳定的特点,最佳的爆款营销渠道和最低的用户获取成本,可以帮助卖家快速规模化地获取新用户。商品团的报名流程主要包括选择活动、选择商品、选择坑位、填写商品信息、商品审核、费用冻结、上团前准备七个阶段。

(1)选择活动。在参加商品团之前,商家首先应该查看招商公告,了解招商要求。然后登录聚划算后台(ju.taobao.com),单击右上角的"商户中心"超链接,跳转到"商户中心"首页,在打开的页面中查看可报名的活动以及活动介绍、收费方案、保证金规则、报名要求、坑位规则等信息,选择适合自己的活动。

(2)选择商品。选择符合审查规则的商品,无法提交的商品则为不符合审查规则的商品,单击"查看原因"可了解具体原因。

(3)选择坑位。如果商家所选商品符合所选坑位的条件,则系统将展示6周内所有坑位,如果商家的商品不符合条件,则淘宝网默认不展示不符合条件的坑位,单击"显示不可报坑位"超链接即可看到不符合条件的坑位内容。

（4）填写商品信息。在该页面,商家需对商品的标题、卖点、团购价格、描述、费用等信息进行填写,商品报名详情填写完毕后,将进入小二审核的步骤。

（5）商品审核。商品审核包括一审和二审两个阶段,一审主要由系统对商品报名价格、报名商品货值、历史成交及评论、商品 DSR 评分、店铺近 3～6 个月成交排名、店铺聚划算成交额和历史单坑产出水平等进行审核;二审主要是由人工对库存、价格、市场竞争力、商家分值、是否存在拼款或换款等信息进行审核。

（6）费用冻结。费用冻结主要包括保证金和保底佣金两部分。保证金是指聚划算为了维护消费者权益,冻结商家一定的款项,确保商家根据承诺提供商品和服务,若商家出现付款后不发货、商品有质量问题等情况时,聚划算平台会将保证金赔付给消费者。保底佣金是指卖家参加聚划算,成交额未达目标成交额（保底交易量）时需要向聚划算承担的技术服务费。当订单总金额达成或超出目标成交额,则全额返还（解冻）保底佣金;当订单总金额未达成该类目的保证金,则减去实时划扣的佣金之后所形成的差额部分,从保底佣金中扣除,剩余保底佣金解冻并返还商家。

（7）上团前准备。上团前准备包括信息变更和发布两部分。信息变更是指商品从待审核至开团可全程修改信息,信息变更提交后 30 分钟会完成审核,信息变更不影响发布,在发布状态下仍可以进行变更,待信息变更审核通过后即可生效;发布包括系统发布和自助发布两种模式,系统发布是指在展示开始时,系统自动对符合发布条件的商品进行发布,自助发布是指商家在商品审核通过后,能选择发布时间并进行发布。

## 2. 品牌团

品牌团是一种基于品牌限时折扣的营销模式,品牌规模化出货,可以快速抢占市场份额,提升品牌认知。品牌团的报名流程主要包括品牌报名、商品报名、上团准备三个阶段。

（1）品牌报名。品牌报名包括商家报名、商家审核、素材提交三个流程。商家报名的时间为每月 4—12 日,商家选取对应类目的品牌团报名入口进行报名,并在其中填写品牌名称、期望上团日期、报名类目等信息;商家审核的时间为每月 13—15 日,由系统根据商家分值进行排序,择优录取,审核内容主要包括日均店铺成交额、店铺 DSR 评分、历史参聚表现、旺旺响应速度等;素材提交主要包括品牌营销 Logo、品牌营销 Banner、品牌入口、流量入口图、无线 Banner、新版品牌入口、品牌主题、品牌故事介绍（PC 端和无线端）等内容。

（2）商品报名。品牌团商品报名与商品团报名步骤相同,商品审核与商品团二审类似,若商品审核未通过,在商品审核时间截止前商家可补报商品。建议参团商品数为 6～80 款,以实际最终参加活动的商品数为准。

（3）上团准备。品牌团上团准备工作与商品团相同。

### 3. 聚名品

聚名品是一种精准定位"中高端消费人群"的营销模式,以"轻奢、最 in 潮流、快时尚"为核心定位,聚集高端品牌,佣金收费方式较灵活,具有单品团、品牌团多种形式。聚名品的招商对象为符合聚名品规则要求的天猫旗舰店、旗舰店授权专营店、天猫国际旗舰店、全球购(需认证)、淘宝集市店铺,以佣金形式进行收费。

### 4. 聚新品

聚新品是新品营销效率最高的平台之一,可以快速引爆新品类及新商品,快速积累新用户群体,形成良好的口碑传播效应。聚名品适用于高潜力、高增长的新品类、国际品牌、国内知名品牌、知名淘品牌、营销能力强且具备规模化的供应链及服务能力的大中型商家以及创新设计、创意概念、创新技术应用、属性升级的商品。聚新品采用"保底+佣金+封顶"的收费模式,要求商品没有销售记录或销售量在 10 件以内,且备货量为 30 万、40 万,淘宝根据品牌影响力、店铺日常运营能力、投放计划、销售预估、价格优势等指标进行选择。

### 5. 竞拍团

竞拍团是一种适合中小卖家快速参聚的营销模式,通过市场化的竞价方式,增加中小商家的参聚机会。参加竞拍团的卖家需要通过聚划算首页进入竞拍报名阶段,找到竞拍坑位入口,然后选择并提交商品,进入提交商品流程,填写价格和数量。审核通过后,商品即为待排期状态,并可进入竞拍大厅参与竞拍,对商品进行出价。竞拍成功后可以在保证金页面或者宝贝管理页面支付保证金。

## 七、淘宝客推广

淘宝客是一种按成交计费的推广模式,支持按单个商品和店铺的形式进行推广,卖家可以针对某个商品或是整个店铺设定推广佣金。淘宝客佣金的范围很大,佣金越高越容易得到淘宝客的关注。当交易完成后,淘宝客根据佣金设置情况从交易额中扣除佣金。

### 1. 淘宝客准入规则

淘宝客与智钻、直通车的计费方式不同,只有产生成交量才会付费,是一种风险较低的推广方式,需要加入淘宝客的卖家,必须满足以下标准。

(1)卖家信用等级在一心以上或参加了消费者保障服务。

(2)卖家店铺动态评分各项分值不低于 4.5。

(3)店铺状态正常且出售中的商品数≥10 件。

### 2. 淘宝客推广类型

为了满足不同类型店铺的需求,淘宝客提供了多种推广方式,如通用计划、定向计划、如意投、淘宝客活动广场等，卖家可根据实际需求设置推广计划。

1) 通用计划

通用计划是保底计划，不能退出，所有淘宝客都可以参加，佣金设置最高为50%，属于被动等待的合作形式，比较适合小卖家参加。

通过"我要推广"页中的"淘宝客"选项进入淘宝客首页之后，单击按钮即可启用通用计划，启用后单击"操作"栏的"查看"超链接，在打开的页面中即可设置通用计划的佣金比例。设置好整体计划后，也可在该页面中单击"新增主推商品"按钮，继续设置单品推广计划，单品推广计划中可分别设置每件商品的佣金，最多可设置 30 件商品。

2) 定向计划

定向计划是卖家为淘宝客中某一个细分群体设置的推广计划，是一种自选淘宝客的计划，可以自动或手动筛选通过申请的淘宝客，佣金设置最高为 70%，属于主动选择的合作形式。

定向计划的流量相对较低，但精准度和转化率相对较高，可以让卖家获取较大的有效流量。在淘宝客首页单击"新建定向计划"按钮，即可创建定向计划。定向计划最多可添加 10 个，其设置流程包括设置计划名称、设置计划类型和审核方式、设置计划时间、设置类目佣金、设置计划描述。在设置计划名称时，可以直接将佣金加入标题中，以吸引更多优质淘宝客关注。在设置审核方式时，可选择淘宝客的等级，如果佣金较低，可自动审核，如果佣金较高，可手动审核。对手动审核的计划，可在"计划详情"的"淘宝客管理"中进行查看和审核，同时还可查看淘宝客近期情况。在设置完计划的整体佣金后，也可设置单品佣金，其设置方法与通用计划类似。

 **定向计划的计划类型**

定向计划的计划类型如果设置为"公开"，则所有人都可见和可申请；如果设置为"不公开"，则需手动发送链接给淘宝客。需要注意的是，定向计划设置后暂停或删除将无法恢复，可将新建的定向计划设置为长期推广。

3) 如意投

如意投是系统根据卖家的如意投设置将产品展现给站外买家的一种推广方式，按成交计费，卖家推广风险较低。参加如意投的商品，系统会根据综合评分进行排名，由平台为卖家寻找淘宝客进行推广，而不需要商家自己寻找淘宝客。如意投具有系统智能、精准投放、管理省心、渠道互补、流量可控等优点，主要展示位置包括中小网站的站外橱窗推广位和爱淘宝搜索页面。

如意投的展现排名以综合得分为主，综合得分等于商品综合质量分乘以佣金比例，而商品综合质量分主要受商品标题属性的相关性、如意投内点击率和转化率、店铺质量等因素影响。

如意投计划的设置方法与其他计划的设置方法类似，进入淘宝客首页之后，在"如意投"选项的"操作"栏中单击"查看"超链接，即可对计划进行设置。设置完计划

课堂笔记

课堂笔记

整体的佣金后,也可对单品佣金进行设置,最多可设置 100 个商品。设置好如意投计划后,在淘宝客首页的"计划管理"页面中单击"自定义字段"按钮,在打开的页面中选择相关选项,可查询当前设置佣金的情况、质量评分、行业对比等。

4）淘宝客活动广场

淘宝客活动广场是官方为卖家和淘宝客提供的推广平台,淘宝客在该平台中推出相应活动,卖家选择适合的活动进行报名。淘宝客活动广场中每个活动的要求不一样,只有符合活动要求才可进行报名。淘宝客活动广场具有官方优选淘宝客资源、报名简单、效果数据可查询、可长期稳定报名等优点,佣金比例一般较高,适合推广高利润的畅销产品。

在淘宝客首页左侧选择"淘宝客活动广场"选项,即可进入淘宝客活动广场。淘宝客活动广场的报名流程包括查看活动、报名、选择商品、设置佣金和优化创意。在查看活动时,卖家主要需要关注行业类目、活动权限、活动推荐等信息。选择合适的活动并报名后,可选择主推商品,并设置商品佣金。淘宝客活动广场主推商品的数目以活动方要求为准。报名完成后,需等待审核。淘宝客活动广场创意优化主要是对图片进行的,对未设置创意优化的商品,则默认选择商品主图的第一张图片。

扩展阅读：
店铺流量
与转化率

## 任务操作：制定网店促销策略

步骤一：确定促销目标,包括确定销售增长目标,如提高销售额、增加客户量等,以及定义具体的促销策略,如打折、满减、赠品等。

步骤二：确定促销渠道,包括确定合适的网上促销渠道,评估各渠道的优势和劣势,并选择最适合的渠道。

步骤三：制订促销计划。促销计划中需要明确促销的开始和结束时间；设计促销活动,如限时折扣、团购等；设定销售目标和预算,评估促销效果。

步骤四：准备促销资源,确定所需的促销资源,如促销人员、活动资金等,并对促销人员进行培训,提高其销售技巧和产品知识。

步骤五：制作促销内容,包括编写吸引人的促销文案,突出产品的优势和特点；制作相关促销素材,如海报、宣传册等；确定促销活动的规则和条件,准备相应的促销代码或优惠券。

步骤六：推广促销活动,在选定的促销渠道上发布促销信息,利用各种推广工具,如搜索引擎优化、社交媒体广告等,增加促销活动的曝光率。

步骤七：监测和分析促销效果,包括追踪促销活动的效果,包括销售数据、客户反馈等；根据监测结果进行分析,评估促销活动的有效性；确认促销活动中的问题和改进空间,为下一次促销活动做准备。

步骤八：调整和改进促销策略,包括根据分析结果,对不同的促销策略进行调整和改进；学习竞争对手的促销方法和策略,寻找可以借鉴的经验和教训；不断总结和改进促销活动,提高销售效果和客户满意度。

# 任务评价

| 班　级 | | 姓　名 | | 日　期 | |
|---|---|---|---|---|---|
| 任务名称 | 网店促销策略 | | | | |
| 知识要点 | 根据店铺实际情况采用合适的网店促销策略 | | | | |
| 实践过程记录 | | | | | |
| 一、学习记录 | | | | | |
| 二、反思改进 | | | | | |

| 评分 | 自评(30%) | 互评(40%) | 师评(30%) | 总成绩 | |
|---|---|---|---|---|---|
| 成绩 | | | | | |
| 评价人 | | | | | |

# 项目四　网店物流管理

 **知识目标**

1. 了解网店的物流配送方式。
2. 掌握选择快递公司的技巧。
3. 掌握商品仓储管理的内容。

 **技能目标**

1. 能够掌握疑难件处理流程。
2. 能够掌握商品损坏的物流事故的处理技巧。
3. 能够掌握商品丢失的物流事故的处理技巧。

 **素质目标**

1. 理解绿色物流的内涵,培养网店物流活动中的环境保护意识。
2. 培养并树立保护环境的社会责任感。
3. 树立为客户服务的意识。

 **思维导图**

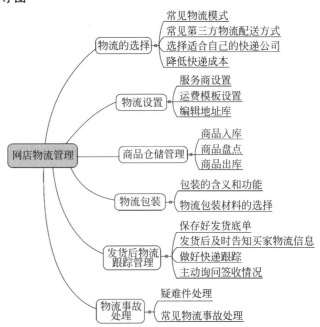

# 任务一　物流的选择

## 任务引入

小张是某电子商务有限公司的业务员,临近"双11",公司不同商品的订单增多,同时客户要求尽快发货。提供物流服务的公司非常多,小张该如何选择物流公司和选择物流配送方式呢?

## 知识储备

### 一、常见物流模式

#### 1. 企业自营物流

企业自营物流是指企业自身经营物流业务,组建全资或控股的子公司完成企业物流配送业务。对已开展普通商务的公司,可以建立基于网络的电子销售商务系统,同时可以利用原有的物流资源承担电子商务的物流业务。

#### 2. 第三方物流

第三方物流随着物流业的发展而发展,是指为适应电子商务发展而采用的一种全新的物流模式,又称物流代理,是物流专业化的重要形式。物流业发展到一定阶段必然会出现第三方物流,第三方物流有广义和狭义之分。

广义的第三方物流是指由供方与需方以外的物流企业提供物流服务的业务模式,其业务功能包括运输、储存、装卸、搬运、包装、流通、加工、配送、信息处理等。

狭义的第三方物流是指从事物流行业的经营实体,第三方物流业是一个新型的跨行业、跨部门、跨区域、渗透性强的复合性产业,是新的物流形式。

由于资金和技术所限,中小企业一般选择第三方物流模式来进行物流配送。

#### 3. 物流一体化

物流一体化是以物流系统为核心的由生产企业经由物流企业、销售企业直至消费者供应链的整体化和系统化模式,是在第三方物流基础上发展起来的新的物流模式。在这种模式下,物流企业通过与生产企业建立广泛的代理或买断关系,与销售企业形成较为稳定的契约关系,从而将生产企业的商品或信息经过统一处理后,按部门订单要求配送到店铺。这种模式还表现为用户之间广泛交流供应信息,从而起到调剂余缺、合理利用、共享资源的作用。在电子商务时代,这是一种比较完善的物流配送模式,如海尔集团的物流配送模式基本上达到了物流一体化的标准。

### 4. 物流联盟

物流联盟(logistics alliance)是指两个或两个以上的经济组织为实现特定的物流目标而采取的长期联合与合作,其目的是实现联盟参与方的"共赢"。物流联盟具有相互依赖、核心专业化及强调合作的特点,是一种介于自营和外包之间的物流模式,可以降低两者的风险。物流联盟是为了达到比单独从事物流活动更好的效果而使企业间形成相互信任、共担风险、共享收益的物流伙伴关系。企业之间不完全采取导致自身利益最大化的行为,也不完全采取导致共同利益最大化的行为,只是在物流方面通过契约形式形成优势互补、要素双向或多向流动的中间组织。联盟是动态的,只要合同结束,双方又变成追求自身利益最大化的单独个体。

## 二、常见第三方物流配送方式

提供物流服务的公司非常多,目前网店最常使用的第三方物流配送方式有邮政配送、快递公司配送和物流公司配送。

### 1. 邮政配送

邮政配送提供的服务主要包括邮局平台包裹(平邮)、快递包裹、EMS(express mail service)、e邮宝、国际特快专递五种配送方式,各种配送方式都有自己的特点。

1) 平邮

平邮是邮政配送中寄送信与包裹业务的总称,寄送时间一般比较慢,可以通过网络查询投递情况。选择平邮的卖家,一般可以自己完成对商品的打包,针对商品的情况,也可以选择一些保障服务,如保价、回执等。由于平邮需要的时间一般比较长,所以选择平邮的卖家不多,但是平邮的寄送范围非常广,针对一些其他快递没有提供物流服务的区域,则需要使用平邮。平邮包裹每天中午和晚上发件。基本邮费按目的地远近及包裹重量计算,每500克为一个计费单位,附加费有挂号费、保价费和回执费。

2) 快递包裹

全国范围内运达时间通常是3~5天,计费方式与平邮包裹大致相同,首重1000克,续重以500克为一个计费单位,具体资费标准以邮局当期公布价格为准。

3) EMS

EMS即邮政的特快专递服务,如图4-1所示。EMS的运送范围很广,可以送至各个地方,速度较快,运送安全,支持送货上门,可通过网络跟踪物流信息。EMS主要采取空运方式,运送速度快,根据地区远近,一般1~8天到达;速度快,物品安全有保障,但价格较为昂贵,20元起,而且不包括包装盒运单费用,节假日不送货。

4) e邮宝

e邮宝采取全程陆运模式,享有的服务与EMS大体相同;价格大致为EMS的一半,省际起重1000克,资费为8元,省内及江浙沪互寄、京津互寄起重资费为5元。

图 4-1　EMS 快递网页

5）国际特快专递

国际特快专递在邮政、海关、航空等部门均享有优先处理权,可高速、优质地为用户传递国际紧急信函、文件资料、金融票据、商品货样等各类文件资料和物品,同时能为用户提供多种形式的邮件跟踪查询服务,也提供代客包装、代客报关、代客保险等一系列综合跟踪服务。

6）物流托运

不方便使用物流运送的大件物品或超重物品,可以使用物流托运。在托运之前必须对物品进行完善的包装盒标记。一般来说,物流托运主要有汽车托运、铁路托运、航空托运等形式,其托运所需的时间为汽车较长、铁路次之、航空最快,托运价格则是航空最贵、铁路较便宜。在托运时,要注意备注联系方式。

## 2. 快递公司配送

由于快递公司的运费比较便宜,配送速度较快,多数卖家会选择通过快递公司来配送物品。但是,快递公司配送也存在不足之处,即一些偏远地区难以运达,大件商品快递费过高。卖家常用的快递公司及其特点如表 4-1 所示。

表 4-1　卖家常用的快递公司及其特点

| 快递公司 | 优　势 | 劣　势 |
|---|---|---|
| 顺丰速运 | 速度快、准时,承包了专门的航空仓位 | 价格相对较高 |
| 中通快递 | 价格比较便宜,续重便宜,适合重量较大的商品 | 相对于顺丰,速度较慢,一些偏远的地方可能到不了 |
| 圆通速递 | 价格比较便宜 | 东北、西北件速度较慢 |
| 天天快递 | 可以到的范围比较广,费用比较合理,中小卖家使用较多 | 速度不是太快,西北、东北地区的送达时间更长一些 |
| 韵达快递 | 可以到达的范围较广 | 相对于顺丰,速度较慢 |
| 百世快递（极兔速递） | 可以提供全国多个省、直辖市的门到门快递服务 | 偏远地区速度较慢 |
| 宅急送 | 运输价值高的商品可以保价 | 起步价较高,对价值低的商品不太划算 |

在发货前,卖家首先应该确认可以为买家所在地提供快递服务的公司,可以询问买家,也可以自己查询快递公司的服务范围。若是常用的快递公司不提供买家所在地的快速服务,则需要联系买家,告知物流方式需要修改。发货后,要注意关注商品的物流情况,查看买家的收货情况,确保物流正常。

### 3. 物流公司配送

物流公司专门为单件商品数量比较多、包装体积比较大的卖家提供服务,国内比较知名的物流公司有佳吉快运、天地华宇等。

物流公司所谓的"一件货"就是一箱货(一个包装箱的商品),一件货的配送费用一般是 15~30 元。显而易见,大批量交易(如批发)适宜使用这种物流配送方式。

## 三、选择适合自己的快递公司

电子商务的发展带动了物流行业的发展,现在的物流服务,不仅服务范围越来越广,加入这个行业的企业也越来越多,难免出现良莠不齐的情况。在复杂的物流环境中,网店经营者在初期选择快递公司时一定要十分慎重,快递安全、服务质量、发货速度和价格等因素都需要考虑。

卖家要选择适合自己的快递公司,以保证店铺的物流服务质量。跟进商品的情况,卖家可以先多选几家快递公司,经过一段时间合作后,再确定长期合作的公司。卖家在选择快递公司时,要特别注意以下几点。

### 1. 快递价格

快递价格与物流成本息息相关。为了降低物流成本,很多卖家都愿意优先选择价格更低的快递服务,这当然无可厚非,但也绝不能一味盲目地以低价为标准,如果低价的物流服务是以物流质量低为代价,那么卖家将得不偿失,因此需对快递公司进行详细对比。首先,了解想要选择的快递公司,通过每个快递公司的官方网站查询快递公司的基本资料、联系方式,筛选出综合质量良好的快递公司。其次,选择负责自己所在地的各个快递公司的网店,与负责该区域的快递员沟通价格,可以在对比多家之后再做决定。最后,如果合作愉快,可以适当地进行沟通,尽量拿到比较低的友情价,降低自己的成本。卖家应对不同快递公司的价格和服务进行详细的对比,从中选择性价比最高的快递公司。

### 2. 公司规模和速度

在选择快递公司时,卖家除了要考虑以上因素外,还要考虑快递公司的规模,因为快递公司的规模直接体现了这个公司在市场中的实力,也在一定程度上代表了公司的服务能力。

另外,卖家不要一味地追求运费的低廉,而忽视了快递公司的发货速度和运送速度。卖家要对快递公司发件的速度有所了解,选择发件速度快、物流信息更新及时、运送速度较快的快递公司,以缩短买家的等待时间。

在网上进行购物的顾客,通常对物流的速度非常在意。物流速度快,会非常容易赢得买家的好感;反之,则容易引起买家的不满甚至投诉。作为网店经营者,一定要注意快递的发货速度,首先自己发货的速度要快,其次快递揽件并发货的速度也要快。由于快递公司在不同地区的网点一般都采用独立核算的方式,因此不同地区的快递网点,其服务质量、速度等可能不一样,卖家最好亲自考察并对比自己所在地区的快递发货速度,选择效率较高的网点。

### 3. 服务质量和人员素质

服务质量也是网店经营者挑选快递公司的标准之一。快递行业作为服务行业,应该具备服务精神,遵守服务行业的准则。质量好的快递服务,会给买家带来舒适的购物体验,增加买家对网店的好感度。

在了解快递公司的各种硬件设施后,也要注意调查快递人员的个人素质。因为包裹是需要快递人员直接经手的,如果快递人员的个人素质不高或存在道德问题,就很可能导致贵重商品丢失等问题,从而直接影响店铺的声誉。

### 4. 投递范围

发货前,务必亲自查清快递公司的投递范围,特别是偏僻地区是否可以送到。如果客户收货地址不在快递公司覆盖范围内,会造成物流费用增加、快递时间过长、商品损坏、用户不满意而退货等问题。

### 5. 投递准确率

物流安全是网店经营者必须考虑的问题,丢件、商品破损等情况会严重损害店铺的服务质量,引起买家的强烈不满。为了保证商品的安全,对贵重物品可以选择EMS,并进行保价,从而保障货主的利益。在选择其他快递服务时,要有购买保险的意识,同时需要了解理赔服务。此外,还可对物品进行保护安装,在包装箱上标注易碎、轻放等字样,叮嘱快递公司注意保护等。

卖家无论选择什么运输方式,都要优先考虑包裹安全方面的问题。对易碎、易损坏的商品,卖家不仅需要进行多重的保护,告知快递公司安全运送,还需提醒买家在签收之前先进行验货。

## 四、降低快递成本

对卖家来说,尤其是对交易量较高的卖家来说,每个月会在物流上产生不小的开销。因此,要想提高店铺的经营效益,卖家首先要考虑如何有效地降低快递成本,以降低店铺的物流开支。

### 1. 关注快递公司的优惠信息

一些快递公司会对运费价格进行调整,有时为了推广还会推出各种优惠活动,这对卖家来说非常划算。因此,卖家可以利用空闲时间查看快递公司官网,及时掌握快递公司的优惠活动信息。

### 2. 强调长期发货

一般来说,对偶尔发货的客户,快递公司不会给出太多的优惠。因此,卖家在与快递公司谈价格时,要向对方强调自己会长期发货,这样快递公司为了留住客户,通常会给出一定程度的优惠。

### 3. 处理好与快递人员的关系

卖家处理好与快递人员的关系很重要。当快递人员上门取快递时,卖家可以和他们像朋友一样聊聊天。快递人员是最了解快递公司相关政策的人,如果卖家能够与他们成为很好的朋友,他们就愿意与卖家分享一些公司的优惠信息,使卖家受益颇多。

### 4. 快递量大可以选择月结

如果店铺商品的销量高,快递数量比较大,那么卖家在与快递公司结算费用时可以选择月结。月结减少了卖家每次零付的麻烦,还可能享受快递公司提供的进一步的优惠。

### 5. 选择适当的时机再次谈价

快递的价格不一定一次就能谈妥,尤其是对新手卖家来说,在店铺运营初期没有较大数量的快递业务,这时快递公司能够提供的优惠其实是有限的。当店铺发展到一定规模后,订单量不断增大,店铺的快递业务量也就不断增加,这时卖家可以向快递公司争取更多的优惠。

 **物流配送服务质量常见问题及对策**

1. 送货速度慢
(1) 重新规划送货路线。
(2) 调整配送作业流程。
(3) 考虑共同配送。
2. 送货不准时
(1) 制定配送规章制度、作业规范。
(2) 测算送货所需时间。
(3) 加强人员业务培训。
(4) 调整商品品种。
3. 与客户缺乏有效沟通
在店铺中公布多种客服方式及投诉处理程序,加强人员管理,及时反馈。
4. 商品质量问题
(1) 严格制定配送系统岗位责任制度。
(2) 对工作人员进行业务培训。

（3）对配送物品进行严格检查，以保证物品安全、准确配送。

## 任务操作：物流的选择

帮助小张选择"双11"物流公司和配送方式。

步骤一：和快递公司确定"双11"期间的配送速度、到达率、异常单反馈速度、超范围退回件是否免运费、超范围件是否可以自行转寄其他快递。

步骤二：使用ERP软件/打单软件打印模板。

步骤三：使用ERP审单环节设置快递智能匹配。

步骤四：准备好备选的快递公司，在爆仓严重的地区及时发备选快递；发货量大、本地网点无法储存、无法取件，也可以发备选快递。

步骤五：提前请快递公司业务员帮忙，现场称重、扫单、打包等。

## 任务评价

| 班　　级 | | 姓　　名 | | 日　　期 | |
|---|---|---|---|---|---|
| 任务名称 | 物流的选择 | | | | |
| 知识要点 | （1）了解物流的模式；<br>（2）掌握第三方物流的优势和劣势；<br>（3）能够根据网店情况选择物流配送方式 | | | | |
| 实践过程记录 | | | | | |
| 一、学习记录 | | | | | |
| 二、反思改进 | | | | | |
| 评分 | 自评(30%) | 互评(40%) | 师评(30%) | 总成绩 | |
| 成绩 | | | | | |
| 评阅人 | | | | | |

# 任务二　物　流　设　置

## 任务引入

在网店中,卖家需要进行物流设置后才可为买家发货,包括服务商设置、运费模板设置、编辑地址库等,业务员小张对物流设置不熟悉,需要进一步学习哪些物流设置的相关内容呢?

## 知识准备

### 一、服务商设置

淘宝网提供了很多服务商,买家可以选择自己常用的快递服务商并进行开通,其方法为登录淘宝卖家中心,在"物流管理"栏中单击"物流工具"超链接,进入物流工具管理中心,在该页面中可以查看主流的物流服务商,单击选中需要开通的服务商前的单选项,然后单击其后的"开通服务商"按钮即可,如图 4-2 所示。如果卖家在设置服务商时没有编辑过地址库,则首先要对地址库进行编辑,才可以设置物流服务商。

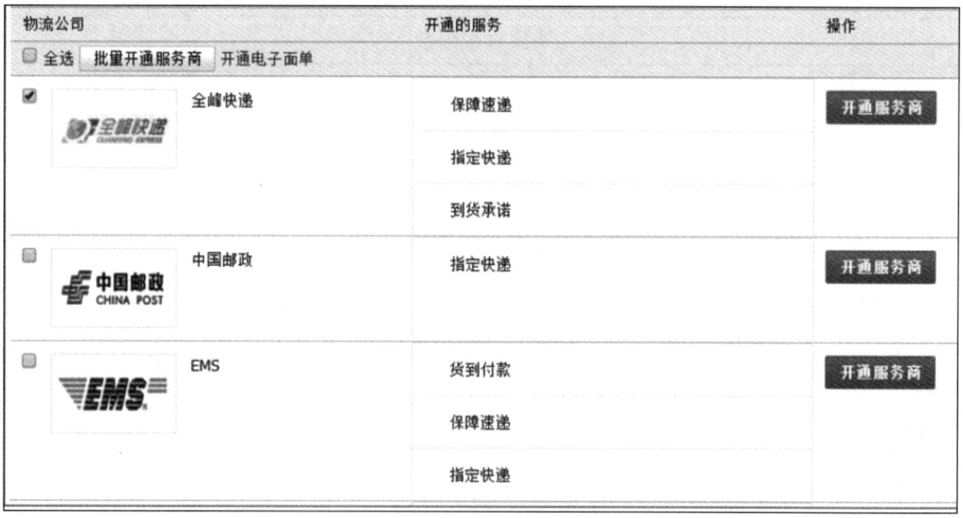

图 4-2　选择服务商

### 二、运费模板设置

由于网店中的买家来自不同地区,而不同地区的快递服务费用通常不一样,因此卖家需要对运费模板进行设置,从而对不同地区买家的运费进行区分。下面介绍淘宝网运费模板的设置方法,其具体操作步骤如下。

（1）登录淘宝卖家中心,在"物流管理"栏中单击"物流工具"超链接,进入物流工具管理中心,在页面右侧单击"运费模板设置"选项卡,在该页面中单击"新增运费模板"按钮,如图 4-3 所示。

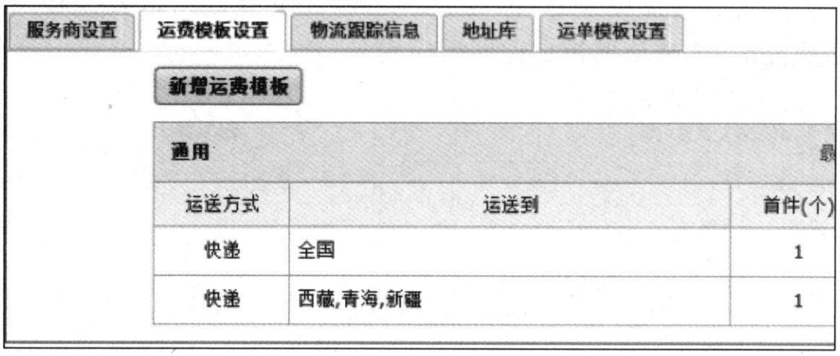

图 4-3　运费模板设置

根据地区的不同,卖家可以设置不同的运费模板,在寄送商品时,直接根据寄送地址选择相应模板即可。

（2）打开"新增运费模板"编辑页面,在"模板名称"文本框中输入模板的名称,并依次设置"宝贝地址""发货时间"等信息,单击选中"自定义运费"单选项,然后根据实际情况单击选中"按件数""按重量""按体积"单选项,如图 4-4 所示。

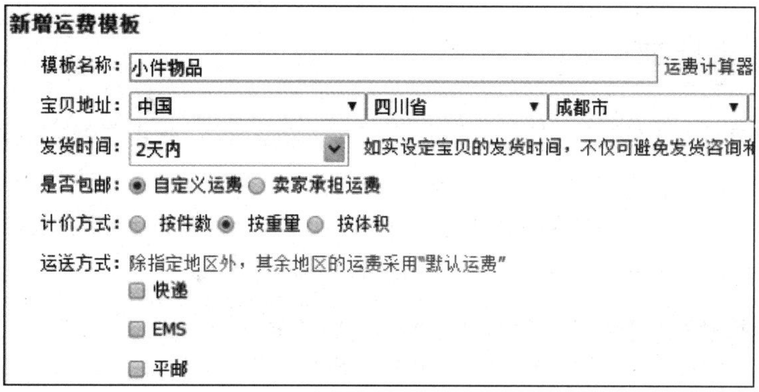

图 4-4　设置基本信息

在设置计价方式时,可以根据实际情况进行选择,如果店铺经营的是小件商品,可以选择"按件数"或"按重量"计价,如果经营体积较大的商品,则可以选择"按体积"计价。在设置价格时,建议根据快递服务商的价格标准进行设置。

（3）单击选中"快递""EMS""平邮"复选框,在其下方打开的表格中填写相关运费信息。

（4）单击"为指定地区城市设置运费"超链接,添加一个模板,单击"发送到"栏的"编辑"超链接,在打开的对话框中设置需特别指定运费的区域,单击"确定"按钮,然后设置这些特定区域的价格。

（5）按照上述方法依次设置 EMS 和平邮的指定区域运费模板，单击选中"指定条件包邮"复选框，在打开的表格中可设置满足指定条件后包邮，在"选择地区"栏中可设置包邮地区，在"设置包邮条件"栏中可设置包邮条件，设置完成后单击"保存并返回"按钮。

（6）返回物流工具管理中心，即可查看已经设置完成的运费模板，如图 4-5 所示。在寄送商品时，选择该模板名称即可应用。

| 小件物品(已指定条件包邮) | | 最后编辑时间：2016-09-27 17:20 | | |
|---|---|---|---|---|
| 运送方式 | 运送到 | 首重(kg) | 运费(元) | 续重(kg) |
| 平邮 | 全国 | 1.0 | 0.00 | 1.0 |
| 平邮 | 哈密,克孜勒苏柯尔克孜,昌吉,喀什,西藏,巴音郭楞,吐鲁番,阿克苏,阿拉尔,克拉玛依,塔城,图木舒克,石河子,博尔塔拉,阿勒泰,五家渠,和田,伊犁,乌鲁木齐 | 1.0 | 10.00 | 1.0 |
| EMS | 全国 | 1.0 | 0.00 | 1.0 |
| EMS | 哈密,克孜勒苏柯尔克孜,昌吉,喀什,西藏,甘肃,巴音郭楞,吐鲁番,阿克苏,阿拉尔,克拉玛依,塔城,图木舒克,石河子,博尔塔拉,阿勒泰,五家渠,和田,伊犁,乌鲁木齐 | 1.0 | 20.00 | 1.0 |

图 4-5　查看模板

（7）在运费模板上方单击"修改"或"删除"超链接，可对模板进行重新编辑，或将模板删除。

## 三、编辑地址库

地址库即卖家的地址，当需要发货或买家申请退货时，则需要卖家的地址。编辑地址库时，可登录淘宝卖家中心，在"物流管理"栏中单击"物流工具"超链接，进入物流工具管理中心，在页面右侧单击"地址库"选项卡，在打开的页面中填写相关信息，如图 4-6 所示，填写完成后单击"保存设置"按钮即可。

图 4-6　编辑地址库

## 任务操作：物流设置

思考并回答下列问题。

（1）运费模版设置的步骤是什么？

（2）服务商设置的步骤是什么？

（3）编辑地址库的步骤是什么？

## 任务评价

| 班　级 | | 姓　名 | | 日　期 | |
|---|---|---|---|---|---|
| 任务名称 | 物流设置 | | | | |
| 知识要点 | 1. 进行运费模板的设置；<br>2. 进行服务商和地址库编辑 | | | | |
| 实践过程记录 | | | | | |
| 一、学习记录 | | | | | |
| 二、反思改进 | | | | | |
| 评分 | 自评（30%） | 互评（40%） | 师评（30%） | 总成绩 | |
| 成绩 | | | | | |
| 评价人 | | | | | |

# 任务三　商品仓储管理

## 任务引入

　　仓库不仅是保管商品的地方，还是商品流转的中心，商品仓储管理就是对储存在仓库中的商品进行管理。网店经营者需要掌握哪些商品仓储管理知识？

# 知识准备

## 一、商品入库

商品入库是网店日常运营工作中的一个环节,其基本要求是保证入库商品数量准确,质量符合要求,包装无损,手续清楚。具体来说,商品入库包括以下几个步骤。

### 1. 接收商品

事先掌握入库商品品种、性能、数量、到库日期等信息,安排入库商品的接收工作。入库商品的接收主要有四种方式,即车站码头接货、专用铁路线和码头接货、到供货方仓库提货、本库接货。

### 2. 商品验收

商品验收是指对入库商品进行检查,主要包括商品数量检查、质量检查和包装检查三个方面。卖家依照订货单和送货单核对商品的品名、等级、规格、数量、单价、总价、有效期等信息,检查商品外包装是否完好,商品外观有无破损和明显污渍等。确保商品数量、品种准确无误,质量、包装完好,配件齐全后方可入库。

### 3. 编写货号

在商品种类较多和商品数量较大的情况下,卖家可以为商品编写货号,这样便于对商品进行管理。最简单的编写货号的方法是"商品属性＋序号",如"EH-001"代表耳环类的 001 号款式商品。

### 4. 入库登记

入库登记是指按照商品的属性、材质、颜色、型号、规格、功能等,分别将商品放置到不同的货架中,并编写入库登记表的过程。入库登记表需要详细记录商品名称、款号、尺码、颜色、数量、单价等信息,如表 4-2 所示。

表 4-2　入库登记表

| 序号 | 商品名称 | 款号 | 尺码 | 颜色 | 数量 | 单价 | 备注 |
|------|----------|------|------|------|------|------|------|
| 1 |  |  |  |  |  |  |  |
| 2 |  |  |  |  |  |  |  |

## 二、商品盘点

为了掌握商品的流动情况(如商品入库、在库、出库的流动情况)和商品的库存数量,卖家需要定期或者临时对商品的数量进行清查、清点,即商品盘点。商品盘点通常有两种方式,包括定期盘点和临时盘点,如表 4-3 所示。

表 4-3 商品盘点的方式

| 盘 点 方 式 | 详 细 介 绍 |
|---|---|
| 定期盘点 | 卖家在一定时间内,一般是每季度、每半年或年终财务结算前对仓库进行全面盘点,由卖家派人会同仓库保管员、商品会计一起进行盘点对账 |
| 临时盘点 | 当仓库发生货物损失事故、保管员更换,或者仓库与卖家认为有必要盘点对账时,组织局部性或全面盘点 |

商品盘点的主要内容包括数量盘点、质量盘点、保管条件检查、库存安全状况检查等内容,如表 4-4 所示。

表 4-4 商品盘点的主要内容

| 盘 点 内 容 | 详 细 介 绍 |
|---|---|
| 数量盘点 | 检查在库商品的实际数量,核对商品库存账面资料与实际库存数量是否一致 |
| 质量盘点 | 检查在库商品的质量有无变化,商品有无超过有效期和保质期,商品有无长期积压等现象,必要时还应对商品进行技术检验 |
| 保管条件检查 | 检查商品的保管条件是否与各种商品的保管要求相符合,如摆放是否合理稳固,库内温度是否符合要求,各类计量器具是否正常等 |
| 库存安全状况检查 | 检查各种安全措施和消防器材是否符合安全要求,建筑物和设备是否处于安全状态 |

## 三、商品出库

商品出库是指仓库根据商品出库凭证(提货单、调拨单),按商品编号、名称、规格、型号、数量等,准确、及时、保质、保量地发给收货方的一系列工作的总称。商品出库的要求是发放商品必须准确、及时,商品包装必须完整、牢固,标记正确、清楚。

对网店而言,商品出库主要包括选择物流公司、联系快递员取货、填写并打印物流信息等主要步骤。

### 1. 选择物流公司

当收到出库通知时,首先需要核对出库商品的信息,并根据商品信息提取相应的商品,填写商品出库表,登记商品出库信息,选择物流公司。

### 2. 联系快递员取货

根据商品所在地区联系物流公司该区域的快递网点,通知快递人员前往取货。

### 3. 填写并打印物流信息

填写商品的物流单,记录并打印商品的物流信息,方便对物流信息进行保存和跟踪。

**课堂笔记**

 小贴士 **商品库存管理的内容**

（1）仓库日常管理，包括商品调拨、标签打印、其他出入库、入库单\出库单查询。

（2）库存数量与成本管理，包括库存数量管理、分仓库存管理、商品盘点。

（3）货位管理，包括理货上架、理货下架、优化货位、释放货位、货位分析。

**扩展阅读：仓储管理的含义、作用与原则**

# 任务操作：商品仓储管理

思考并回答下列问题。

（1）商品入库的步骤是什么？

（2）商品出库的步骤是什么？

# 任务评价

| 班　级 | | 姓　名 | | 日　期 | |
|---|---|---|---|---|---|
| 任务名称 | 商品仓储管理 | | | | |
| 知识要点 | 1. 掌握仓储管理的概念；<br>2. 会进行出入库管理和商品盘点 | | | | |
| 实践过程记录 | | | | | |
| 一、学习记录 | | | | | |
| 二、反思改进 | | | | | |
| 评分 | 自评（30%） | 互评（40%） | 师评（30%） | 总成绩 | |
| 成绩 | | | | | |
| 评价人 | | | | | |

# 任务四 物流包装

## 任务引入

在现代物流领域,一般将商品包装看作物流过程的起点。卖家为商品提供的物流包装直接决定了买家看到商品后的第一感受。所谓细节决定失败,用心的包装更容易赢得买家的好评。在物流包装方面应该注意什么呢?

## 知识准备

### 一、包装的含义和功能

#### 1. 包装的含义

包装(packing)是为在流通过程中保护产品、方便运输、促进销售,按一定技术方法而采用的容器、材料及辅助物的总体名称,也指为了达到上述目的而采用容器、材料和辅助物的过程中施加一定技术方法的操作活动。简言之,包装就是包装物和包装操作的总称。

#### 2. 包装的功能

1) 保护商品

商品包装的一个重要功能就是保护包装内的商品不受损伤。在商品运输、储存过程中,一个好的包装,能够抵挡产生商品损坏的风险。在设计商品的包装时,要做到有的放矢,仔细分析商品可能会受到哪些方面的侵扰,然后针对这些方面设计商品的包装。

2) 方便物流过程

商品包装可以提供商品信息,如商品的名称、生产厂家和商品规格等,以帮助工作人员区分不同的商品。在传统的物流系统中,商品包装的这些功能可以通过在包装上印刷商品信息的方式来实现。随着信息技术的发展,目前包装上更多使用条形码技术。条形码技术可以极大地提高物流过程的整体效率。

3) 促进商品销售

一般来说,商品的外包装必须适应商品运输的种种要求,更加注重包装的实用性。商品的内包装要直接面对消费者,必须注意外表的美观大方,要有一定的吸引力,促进商品的销售。商品的包装就是店铺的面孔,优秀的、精美的商品包装能够在一定程度上促进商品的销售,提高店铺的市场形象。

4）方便顾客消费

卖家对商品包装的设计工作应该考虑适合顾客的使用,要与顾客使用时的搬运、储存设施相适应,以此提高服务水平,提高顾客的满意度。

## 二、物流包装材料的选择

物流包装最重要的作用是保护商品在运输过程中的安全,不管商品的包装是否漂亮、高档,卖家首先应该保证包裹送达买家手中时是完好无损的。卖家要懂得选择最适合所售商品的包装材料,并打包加固,降低商品在运输过程中被损坏的概率。

### 1. 内包装

内包装是直接接触商品的那层包装。一般情况下,商品出厂时会自带一层包装,卖家在不损坏商品的前提下,可以直接使用商品的自带包装。如果商品没有自带包装,卖家可以使用自封袋、热收缩膜等作为商品的内包装。

1）OPP 自封袋

OPP 自封袋(见图 4-7)透明度较好,材料比较硬,可以保证商品的整洁性和美观性,文具、小饰品、书籍、小电子产品等小件商品均可使用 OPP 自封袋进行内包装。

2）PE 自封袋

PE 自封袋(见图 4-8)比较柔软,主要用于防潮防水、防止物品散落等,可反复使用,适合包装小件的、容易散落的商品,明信片、小样品、纽扣、散装食品、小五金等都可以使用 PE 自封袋进行内包装。

图 4-7　OPP 自封袋

图 4-8　PE 自封袋

3）热收缩膜

顾名思义,热收缩膜(见图 4-9)就是遇热就缩短的薄膜,如桶装方便面外面的那层薄膜。热收缩膜主要用于稳固、遮盖和保护产品,效果类似于简单的抽真空,很多商品外覆的透明保护膜都是热收缩膜,卖家可以选择用热缩膜来包裹食物或小玩具。

图 4-9　热收缩膜

### 2. 中层包装

中层包装是指在外包装和内包装之间,用来填充两者之间的空隙,具有防震、防水、防潮、防腐蚀等作用的填充物。中层包装多为具有一定形状的物品,主要有以下四种。

1）气泡膜

气泡膜是一种十分常见的中层包装材料,它不仅可以保护商品,还可以防震、防压、防滑、防摔,非常适合比较脆弱的商品使用,能够有效降低商品在物流搬运过程中发生损坏的概率,数码产品、化妆品、工艺品、家具、家电、玩具等都可以使用气泡膜作为中层包装材料。

2）珍珠棉

使用珍珠棉来包装玻璃制品、数码产品等商品,可以起到预防刮花和防潮的效果,也可以在一定程度上达到减震的效果。珍珠棉有薄有厚,薄的可以用来包裹商品,厚的可以分割使用,也可以制作成模具,相当于塑料泡沫。

3）塑料泡沫

塑料泡沫一般是一些成型的模具,主要用于固定商品。塑料泡沫适合一些大件的或者比较脆弱的、怕碰怕摔的商品使用,如家电类商品的中层包装就会使用塑料泡沫。

4）废报纸

用废报纸充当填充物是一种很实用的办法,如果商品不属于易碎品,且不容易产生擦痕等,可以使用废报纸作为中层包装,能够达到很好的防震、防潮的效果。而且在成本方面,废报纸具有上述几种材料都无法比拟的优势。但废报纸只适合中小型商品使用,不适合大件商品使用。

### 3. 外包装

外包装一般是指运输包装,又称大包装,主要分为单件（运输）包装和集合（运输）包装。外包装的目的是确保货物不丢失、遗漏,保证货物的质量,方便运输和储存。

111

## 任务操作：物流包装

思考并回答下列问题。

（1）怎样进行物流包装材料的选择？

（2）物流包装的要求是什么？

## 任务评价

| 班　级 | | 姓　名 | | 日　期 | |
|---|---|---|---|---|---|
| 任务名称 | 物流包装 | | | | |
| 知识要点 | 1. 掌握包装的含义和功能；<br>2. 掌握物流包装材料的选择；<br>3. 掌握物流包装的要求；<br>4. 掌握物流包装的技巧 | | | | |
| 实践过程记录 | | | | | |
| 一、学习记录 | | | | | |
| 二、反思改进 | | | | | |
| 评分 | 自评（30%） | 互评（40%） | 师评（30%） | 总成绩 | |
| 成绩 | | | | | |
| 评价人 | | | | | |

# 任务五　发货后物流跟踪管理

## 任务引入

　　商品发出并不意味着万事大吉，发货后卖家还需要注意很多事项，如进行物流跟踪管理，否则很容易功亏一篑。发货后卖家还要注意什么呢？

# 知识准备

## 一、保存发货底单

　　对已经真实发货的商品,快递公司会向发货方开具发货底单,卖家要保存好这张凭证。如果遇到买家提出因没有收到货而不付款的情况,卖家可以向买家出示相关的物流凭证,证明自己已经发货。在运输过程中,如果商品因为快递公司的失误出现丢失,或者买家收到的商品出现损坏,卖家也可以凭借物流凭证向快递公司索赔。

## 二、发货后及时告知买家物流信息

　　卖家不仅要做到快速发货,还应该做到发货后及时告知买家,满足买家付款后对卖家发货动作的期待。告知的内容一般包括发货时间、快递公司、物流单号等,买家凭借这些信息可以随时查询包裹的配送状态。

## 三、做好快递跟踪

　　发货后的快递跟踪是很重要的,卖家必须每天查看物流情况,可借助图 4-10 所示的物流监控界面实现。如果货物在预计时间内没有签收,卖家要及时联系快递公司,询问货物是否在运输途中出现了问题,如写错地址、收件人搬家等。如果快递公司能够联系到买家,事情就比较容易解决;如果快递公司联系不到买家,就需要卖家及时与买家取得联系,寻找解决问题的方法。

图 4-10 物流监控界面

　　卖家处理物流问题时应该主动一些,如果等到买家来质问"我的包裹怎么还没到"时再去解释,就很容易发生争执,给买家造成不良的购物体验,进而对自己的店铺造成消极影响。

## 四、主动询问签收情况

在物流配送过程中,经常会出现包裹被代签或者草签的现象,许多卖家不会在意这种情况,认为只要货物签收了即可。但是,包裹显示已经被签收而买家没有收到货的情况时有发生。买家如果一直找不到货物,就会向卖家追究责任。在这种情况下,即使不是卖家的责任,但买家无法找到其他解决方法,卖家只能重新发货。因此,在看到物流跟踪显示包裹已经签收之后,卖家应当主动询问买家是否已经收到货物,以示关心。

## 任务操作：物流跟踪管理

模拟进行发货后的物流跟踪管理,记录各步骤的注意事项。

步骤一：保存好发货底单。

步骤二：发货后及时告知买家物流信息。

步骤三：做好快递跟踪。

步骤四：主动询问签收情况。

## 任务评价

| 班　　级 | | 姓　　名 | | 日　　期 | |
|---|---|---|---|---|---|
| 任务名称 | 发货后物流跟踪管理 | | | | |
| 知识要点 | 发货后进行物流跟踪管理的内容及注意事项 | | | | |
| 实践过程记录 | | | | | |
| 一、学习记录 | | | | | |
| 二、反思改进 | | | | | |
| 评分 | 自评(30%) | 互评(40%) | 师评(30%) | 总成绩 | |
| 成绩 | | | | | |
| 评价人 | | | | | |

# 任务六　物流事故处理

## 任务引入

　　包裹在配送过程中可能会出现超区、超时、退回等情况。一旦出现这些问题,物流的整体流转时间就会延长,部分买家的包裹可能会延迟十几天才能完成派送。如果这些问题包裹没有得到妥善处理,就容易引发买家的差评甚至投诉。物流事故处理需要掌握哪些知识呢?

## 知识准备

### 一、疑难件处理

　　卖家完成发货后,要及时跟踪快递公司提供的物流信息,及时发现存在隐患的物流单,并及时进行事前处理,防止问题进一步恶化。

　　在物流跟踪的过程中,卖家需要对出现问题的订单进行有效的判定,并及时联系买家,为其提供有效的解决方案,让买家感受到卖家一直在耐心地帮助其解决问题。这样做一方面能够降低买家的焦虑感;另一方面能够加深买家对店铺或品牌的好印象。

　　疑难件的跟踪处理需要遵循一定的流程,如图 4-11 所示。一般来说,每天店铺中出现问题的包裹件数不会很多,卖家可以安排客服人员每天抽出一定的时间将疑难件按照处理流程进行统一处理。

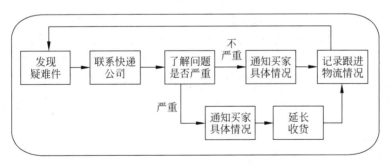

图 4-11　疑难件处理流程

### 二、常见物流事故处理

　　在商品运输的过程中,商品有可能会出现破损、丢失、滞留的情况。遇到这些情况时,卖家需要及时了解商品的物流情况,及时与快递公司取得联系,并提出合理的解决方案。

### 1. 商品破损

商品包装不当、快递运输不当等都容易造成商品破损。收到破损的商品,买家对店铺的好感度将受到影响,可能会因此给出差评。

为了尽量避免商品在运输过程中发生破损,卖家在包装商品时,要根据商品的特性选择最适合商品的包装材料,包装时一定要仔细,做好包装细节方面的处理,以保证商品在运输过程中的安全。如果商品是易碎品,则要在包装箱上做出标示,并告知快递公司小心寄送。如果由于快递公司运输不当造成商品损坏,卖家可以要求快递公司负责。

### 2. 商品丢失

商品丢失属于比较严重的问题,一旦发生这种情况,卖家要及时与快递公司取得联系,了解丢失商品的详细情况,并寻求解决方案。

一般来说,造成商品丢失的原因主要有两种:一种是人为原因,另一种是非人为原因。对人为原因造成的商品损失,卖家要追究相关人员的责任;对非人为原因造成的商品丢失,卖家应与快递公司进行沟通,要求其详细排查商品物流信息,查看商品是否被遗漏在某个网点。如果确定商品无法找到,卖家可以先给买家重新发货,同时要求快递公司对此负责。此外,卖家在进行商品包装时要做好防拆措施,并提醒买家验收后签字。

### 3. 商品滞留

商品滞留是指货物长时间停留在某个地方,迟迟未进行派送。商品滞留的原因分为人为和非人为两种情况,其中,人为滞留多由派送遗漏、派送延误等问题引起,非人为原因则多由天气等客观原因造成。如果是人为原因造成的商品滞留,则需要卖家联系快递公司了解滞留原因,催促快递公司及时进行派送。如果是非人为原因造成的商品滞留,则卖家应该及时与买家进行联系,告知滞留原因,并请求买家理解。

## 任务操作:物流事故处理

思考并回答下列问题。

(1) 物流疑难件的处理方法有哪些?

(2) 常见物流事故的处理方法有哪些?

(3) 发生物流事故时,应如何与买家沟通?

# 任务评价

| 班　级 | | 姓　名 | | 日　期 | |
|---|---|---|---|---|---|
| 任务名称 | 发货后物流跟踪管理 | | | | |
| 知识要点 | 1. 物流疑难件的处理方法；<br>2. 常见物流事故的处理方法 | | | | |
| 实践过程记录 | | | | | |

一、学习记录

二、反思改进

| 评分 | 自评(30%) | 互评(40%) | 师评(30%) | 总成绩 |
|---|---|---|---|---|
| 成绩 | | | | |
| 评价人 | | | | |

# 项目五　客户服务管理

 **知识目标**

1. 掌握网店客户服务的流程与技巧。
2. 熟悉电子商务环境下客户信息收集的主要途径和方法。
3. 掌握客户满意度的衡量标准和提高满意度的技巧。
4. 掌握客户忠诚度的含义、类型及主要影响因素。
5. 了解 CRM 系统的定义、产生、发展及其主要特征。

 **技能目标**

1. 掌握数据营销的概念、产生及发展。
2. 掌握线上客户需求分析方法。
3. 掌握客户满意度测量方法。
4. 熟知客户忠诚度衡量指标。
5. 熟知 CRM 系统的作用及其分类。

 **素质目标**

1. 强化家国情怀,培养职业道德。
2. 弘扬以改革创新为核心的时代精神。

 **思维导图**

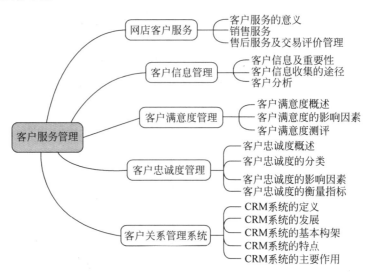

# 任务一　网店客户服务

## 任务引入

观看视频,对比客服人员的三种回答。

**思考**:客服人员的回答会给客户带来怎样的感受?客服人员的重要性体现在哪些方面?

客服人员
的三种
回答

## 知识准备

## 一、客户服务的意义

### 1. 塑造店铺形象

对网上店铺而言,客户看到的商品都是一个个图片,图片再好看,再吸引人,始终是看不到商家的,无法了解店铺的实力,因此往往会产生距离感和怀疑感。这个时候,通过和客服人员在网上的交流,客户可以切实感受到商家的服务和态度,客服人员的一个笑脸表情或者一个亲切的问候,都会让客户感觉他不是在跟冷冰冰的计算机和网络打交道,而是和一个善解人意的人在沟通。这样,客户就会渐渐放下戒备,在心目中树立良好的店铺形象。简单来说,网店客服人员代表着网店形象。

### 2. 提高成交率

客服人员能够随时回复客户的疑问,可以让客户及时了解需要的内容,从而促成交易。很多客户都会在购买之前针对不太清楚的内容询问卖家,询问优惠措施,或者仅仅是确认一下商品是否是和图片一样,这个时候,网店客户服务就可以打消客户的很多顾虑,促成交易。

### 3. 提高客户回头率

客户会比较倾向于选择熟悉和了解的卖家或店铺,良好的客户服务可以提高客户回头率。当买家完成了一次良好的交易,不仅了解了卖家的服务态度,也对卖家的商品、物流等有了切身的体会。当买家需要再次购买同样商品的时候,就会倾向于选择同一家。

### 4. 提供更好的客户体验

客户服务可以给客户提供更多的购物建议,解答客户的疑问,对售后问题给予反馈,从而更好地服务客户,提供更好的客户体验。

## 二、销售服务

销售交易过程一般包括欢迎、沟通、议价(包含物流)、支付等环节,每个环节都离不开客户服务,每个环节对客户服务的要求有所不同。

### 1. 欢迎

欢迎环节要求客服人员快速反应,对客户的第一条消息,响应速度要快,不让客户等待时间超过 10 秒;欢迎语言的基本格式为:"您好,欢迎光临××店,我是客服××,很高兴为您效劳(笑脸)。"实际过程中,各店根据不同情况可进行调整。例如,"亲,您好! 欢迎光临××男装! 我是您的客服代表××,非常高兴为您服务! 请问有什么可以帮您的吗?""亲,非常荣幸与您相遇在××旗舰店,我是客服××,竭诚为您服务!"目前,很多店铺使用人工智能机器人来完成此环节。

### 2. 沟通

沟通环节是客户对产品了解的过程,也是客户享受客服服务的综合环节,更是提高网店客户体验感的重要环节。首先,客服人员要对产品具有专业了解,解答沟通过程中的各种疑问;其次,要站在客户的角度解答客户的疑问,适当引用一些数据、专业术语,让客户信赖客服人员的介绍和推荐;需要注意的是,在沟通环节中有些客户会认为当前咨询的产品不适合他们,表现出不想购买的意向,这时需要及时注意客户的语言,根据其需求推荐其他替代产品,不要让客户失望离开。

在与客户进行沟通时,客服人员需要充分了解客户的购物心理,应掌握以下工作技巧。

1) 促成交易的技巧

(1) 利用客户"怕买不到"的心理。人们常对越得不到、买不到的东西,越想得到它、买到它。可利用这种"怕买不到"的心理来促成订单。当客户已经有比较明显的购买意向,但还在犹豫时,可以用以下说法来促成交易:"这款是我们店最畅销的产品,经常脱销,现在这批又只剩 2 个了,您若喜欢不要错过哦。"或者"今天是优惠价的截止日,请把握良机,明天就没有折扣价了。"

(2) 利用客户希望快点拿到商品的心理。在客户已有购买意向,但还在犹豫时,可以说:"如果您真的喜欢就赶紧拍下吧,快递公司的人再过 10 分钟就要来了,如果现在支付成功,马上就能为您寄出了。"

(3) 当客户一再出现购买信号,却又犹豫不决、拿不定主意时,可采用"二选其一"的技巧来促成交易。譬如,可以说:"请问您需要第 1 款还是第 6 款?"或是说:"请问平邮给您还是快递给您?"这种"二选其一"的问话技巧,只要客户选择其中一个,便下决心购买了。

(4) 帮助客户挑选,促成交易。许多客户即使有意购买,也不喜欢迅速下订单,在产品颜色、规格、式样上不停地犹豫。这时候就要改变策略,暂时不谈订单,转而热情地帮客户挑选颜色、规格、式样等。一旦上述问题解决,订单也就落实了。

(5)巧妙反问,促成订单。当客户问到某种产品,而店内正好没有时,需要运用反问来促成订单。举例来说,客户问:"这款有金色的吗?"这时,不可回答没有,而应该反问道:"不好意思我们没有进货,不过我们有黑色、紫色、蓝色的,在这几种颜色里,您比较喜欢哪一种呢?"

(6)积极推荐,促成交易。当客户拿不定主意,需要客服人员推荐时,可以尽可能多地推荐符合其要求的款式,在每个链接后附上推荐的理由。可以说"这款是刚到的新款,目前市面上还很少见""这款是我们最受欢迎的款式之一""这款是我们最畅销的产品,经常脱销"等,以此来尽量促成交易。

2)时间控制技巧

除了回答客户关于交易的问题外,可以适当聊天,这样可以促进双方的关系。但要控制好聊天的时间和深度。交谈一段时间后,可以用"不好意思,我有点事要走开一会儿"为由结束交谈。

3)说服客户的技巧

(1)调节气氛,以退为进。在说服时,首先应该想方设法调节沟通的氛围。如果用和颜悦色的方式,并充分展示对客户的尊重,氛围就是友好、和谐的,说服也就容易成功;反之,在说服时不尊重他人,拿出一副盛气凌人的架势,那么说服多半会失败。

(2)争取同情,以弱克强。同情是人的天性,如果想说服比较强大的客户,不妨采用争取同情的技巧,以弱克强,达到目的。

(3)消除防范,以情感化。要想使说服成功,就要注意消除对方的防范心理。从潜意识来说,防范心理源于自卫,也就是人们把对方当作假想敌时产生的一种自卫心理,那么消除防范心理的最有效方法就是反复给予暗示,表示自己是朋友而不是敌人。这种暗示可以采用多种方法进行,如嘘寒问暖、给予关心、提供帮助等。

(4)投其所好,以心换心。站在客户的立场上分析问题,能给客户一种为他着想的感觉,这种投其所好的技巧常常具有极强的说服力。

(5)寻求一致,以短补长。对待习惯拒绝他人说服的人,如果一开始就提出问题,难以取得成功。需要努力寻找与对方一致的地方,先让对方赞同远离主题的意见,从而对沟通的内容感兴趣,而后再想方设法将说服的内容引入话题,最终求得对方的同意。

## 3. 议价

很多客户在网购过程中养成了议价的习惯,如物流费用议价,这往往是商家难以处理的问题,客户议价的原因大致有以下两个方面。

(1)喜欢捡小便宜,讲一点算一点。

(2)内心满足感,通过讲价满足内心价值感。

对此,客服人员要随机应变,根据议价原因,对不同客户进行回复,举例如下。

（1）产品优质，一分价钱一分货，便宜的价格只能买到次品。

（2）价格是公司统一制定的，无权修改。

如果客户仍然表现出不满，可以适当给予其他优惠，转移价格敏感度，如推荐打折商品、消费送小礼品、包邮活动、运费少量优惠等。

### 4．支付

支付环节是客户完成购物的最后一个环节，在此过程中遇到的主要问题是如下。

（1）新手买家不会支付或者不会用优惠券，因为网购经验，支付过程中遇到疑问。此时，客服人员要耐心指导、解答，直到完成付款。

（2）已下订单，却迟迟未支付。此时，客户服务人员要跟单，可以询问："亲，我已经看到您的订单了，请问您是在支付过程中遇到问题了吗？如有需要帮助的地方，随时与我联系哦。"

**小贴士** **客户服务的基本规则**

（1）微笑是对客户最好的欢迎。

（2）保持积极态度。

（3）礼貌对客，多说谢谢。

（4）坚守诚信。

（5）凡事留有余地。

（6）处处为客户着想，用诚心打动客户。

（7）虚心请教，多听客户声音。

（8）要有足够的耐心与热情。

（9）做个专业卖家，给客户准确的推介。

（10）灵活运用沟通的语气和表情。

（11）设置自动回复和状态。

（12）遇到问题多检讨自己，少责怪对方。

（13）表达不同意见时，尊重对方立场。

（14）保持相同的谈话方式。

（15）坚持自己的原则。

拓展阅读：
售后服务
技巧

## 三、售后服务及交易评价管理

### 1．售后服务

售后服务主要包括安抚、说明原因、解决问题、致歉、感谢。出现售后问题时，客户都有一些不满情绪，首先要安抚，在情绪平稳后进一步商议解决方案，如退换货、退款等。双方商议一致后，再表达店铺的歉意，让客户感觉舒适，最后感谢客户的理解，告别。

### 2. 交易评价管理

良好的信用记录将帮助卖家得到买方的信任,因此,客户关系管理的很重要的一项工作就是进行交易评价管理。交易评价管理包括以下内容。

1)关注评价

不同平台的评价规则不一样,但是都会不同程度地影响商品的展现,因此要及时了解客户评价情况,关注店铺动态评分,维护好店铺信誉。

2)评价激励

为了保证买卖双方对网上交易进行客观公正的评价,可以采用一定的评价激励措施。卖家常用的评价激励措施包括积分奖励、邀请参加活动、赠送消费券等。

3)评价反馈

反馈可以拉近与客户的关系,无论是好评、中评还是差评,都要及时作出反馈。常见的反馈方式有直白式反馈、表扬式反馈、幽默式反馈等。

4)评价修改与删除

若在交易平台上收到中差评,要及时与对方沟通协商,积极寻求解决方法,如达成一致,在评价后的一定时间内,可以请评价方自行登录交易平台修改评价。

**小贴士** **处理客户抱怨与投诉的"七个点"**

(1)耐心多一点。

(2)态度好一点。

(3)动作快一点。

(4)语言得体一点。

(5)补偿多一点。

(6)层次高一点。

(7)办法多一点。

## 任务操作:练习售后服务

售后服务的步骤如下。

步骤一:热情接待。

步骤二:快速反应。

步骤三:认真倾听。

步骤四:安抚和解释。

步骤五:诚恳道歉。

步骤六:提出补救措施。

步骤七:通知客户并及时跟进。

**课堂笔记**

# 任务评价

| 班　级 | | 姓　名 | | 日　期 | |
|---|---|---|---|---|---|
| 任务名称 | 网店客户服务 | | | | |
| 知识要点 | 学习销售服务和售后客服 | | | | |
| 实践过程记录 | | | | | |
| 一、学习记录 | | | | | |
| 二、反思改进 | | | | | |
| 评分 | 自评(30%) | | 互评(40%) | 师评(30%) | 总成绩 |
| 成绩 | | | | | |
| 评价人 | | | | | |

# 任务二　客户信息管理

# 任务导入

　　某颇具规模的美容会所地理位置优越,周边有企事业单位、银行、特色商店等。该会所经营思路较正确,不断引进先进美容设备,增加新的服务项目,拥有包括纤体、美容、健身、针灸理疗等多个项目,尤以纤体和健身闻名。总的来讲,在美容行业竞争日益激烈的情况下,取得了不错的业绩,在业界和消费者心目中也树立了较好的形象。但是,老板王女士近来却忧心忡忡,她发现有两个问题越来越严重。

（1）经营中新的项目不断推出，新老客户都比较喜爱，营业额上去了，但利润却没有显著提升。

（2）会所生意非常好，员工积极性也很高，但客户满意度却没有提高，甚至出现客户流失的现象。

王女士十分担心，这两大问题如果无法尽快得到有效解决，势必将影响会所未来的发展。于是，她做了以下改变。

（1）客户优化：①客户分类，根据现有的客户档案，结合消费记录，对客户按贡献度和忠诚度分为 A、B、C、D 四类；②服务优化，对 A、B 类客户加强服务，进行个性化跟踪。

（2）业务优化：对 C、D 类客户较多的项目，尽量减少。为留住人气，最多可保留两项。

（3）员工管理：建立服务规范、用语规范，进行专业化礼仪培训。

**思考**：从王女士的做法中，可以总结出哪些客户信息管理的方法？

# 知识准备

## 一、客户信息及重要性

### 1. 客户信息

客户信息是指客户喜好、客户细分、客户需求、客户联系方式等有关客户的基本资料。客户信息包括描述类信息、行为类信息和关联类信息。

1）描述类信息

描述类信息大多是描述客户基本属性的静态数据。对个人客户来说，描述类信息包括姓名、年龄、性别、联系方式、家庭住所、收入情况等信息；如果是企业客户，则包括企业的名称、主营业务、规模、联系人和法人代表等信息。描述类信息主要源于客户的登记资料及企业的运营管理系统，可以帮助企业了解客户的基本情况。普通的描述类信息容易采集，但是涉及个人隐私的信息则较难采集。

2）行为类信息

行为类信息主要是客户在消费和服务过程中的消费记录、客户与企业的联系记录、客户的消费行为、客户的偏好和生活方式等相关信息，可以帮助企业掌握和理解客户的行为，一般源于企业内部交易系统的交易记录、企业呼叫中心的客户服务和客户接触记录。

3）关联类信息

关联类信息包括客户对产品和服务的评价、满意度、忠诚度等，反映客户对产品和服务的偏好或态度，主要是指与客户行为相关的、反映和影响客户行为和心理的相关信息。关联类信息可以帮助企业深入了解客户行为背后的深层次原因和影响客户行为的相关因素。

## 2. 客户信息的重要性

1) 客户信息是企业做出科学决策的基础

企业必须全面、准确和及时地掌握客户信息,全面细致地分析收集到的客户信息,并从中提取有价值的信息,挖掘客户的现实需求和潜在需求,做出科学决策。如果企业对客户信息掌握不全面、不准确,就会判断失误,决策就会出现偏差。

2) 客户信息是进行客户分级的依据

企业只有收集全面的客户信息,尤其是交易性信息,才能掌握客户的整体情况,从而识别出哪些是优质客户、哪些是劣质客户,才能根据客户带给企业的价值大小,对客户进行科学的分级管理。

3) 客户信息是加强客户互动的指南

企业拥有准确和完整的客户信息,不仅有利于了解客户、接近客户,并且有利于与客户进行一对一的有效沟通,并根据每位客户的不同特征采取有针对性的营销活动,以满足客户的个性化需求,达到降低成本、提高效益的目标。

4) 客户信息是提升客户满意度的关键

企业要满足客户的需求、期待和偏好,就必须掌握客户的需求特征、交易习惯、行为偏好等数据,这样才能有针对性地为客户提供个性化的产品和服务,以满足客户的个性化需求,从而提升客户的满意度。满意度的提升又可能带来客户忠诚度的提升,从而不断稳定企业的客户资源。

基于客户信息的重要性,在采集客户信息时需遵循准确性、有效性、及时性、完备性等基本原则。准确性是对信息质量的最基本要求。要提高信息的准确性,需要工作人员在信息采集中尽量保障与客户交流的准确性,同时要加强与客户的联系,做好信息的维护与更新;有效性则是需要在信息收集时根据企业发展战略分辨对企业发展规划最为有效的信息;信息的及时性对企业在瞬息万变的市场中采取最为有力的措施极为重要;信息的完备性是指存储在数据库中的数据在逻辑上应该是一致的、准确的、有效的及完备的。同时要注意,客户信息既要符合逻辑,又不能冗余。

# 二、客户信息收集的途径

## 1. 直接途径

1) 通过调查、访问收集客户信息

企业通过调查问卷、电话调查、面谈等方式直接收集第一手的客户资料。通过调查、访问收集客户信息的方法简单易行,不受时间和空间的限制,不需要任何复杂的设备,在短期内便可获得大量资料;不足之处在于调查法结果的可靠性受受访者主观意愿的影响较大,受访者是否愿意配合,直接影响调查结果效度。

2) 通过营销活动获得客户信息

通过开业大促、买赠、上新打折等活动吸引客户填写登记表、客户联系卡或会员卡来收集客户的姓名、性别、出生日期、手机号码、家庭住址等信息。

3）在服务过程中获取客户信息

服务过程也是获得客户信息的良好时机，在服务过程中，工作人员通过自己专业、及时、到位的服务与客户建立良好互动的同时，也能更好地获得客户的信任，从而获取客户对产品的意见和期望、对服务的评价和要求等信息。

4）通过各种展会获取客户信息

博览会、展销会、洽谈会等各种展会针对性强，参加展会的各种人员除了同行的工作人员外，多为对该展商品、服务有需求的人群，因此可以迅速地收集客户的基本信息、客户的意见、客户对产品的倾向和竞争产品评价等，是一种常用的客户信息收集方式。

5）通过各种客户联系途径收集客户信息

随着信息技术的发展，将信息科技广泛运用于企业运营管理，已经成为各类企业的普遍趋势，越来越多的企业通过网站、客服电话、QQ、旺旺、微信、微博、公众号等多种方式与客户建立联系。比如，客户首次登录企业网站需进行网站会员注册，企业可将想要收集的客户信息设计在会员注册表单中；客户拨打客服电话，呼叫中心可以自动将客户的来电记录在数据库内，并通过语音为客户实时解决问题，在互动沟通的过程中，记录客户信息；客户还可以通过 QQ、旺旺、微信、微博等方式与客服人员直接联系，通过客户的留言、咨询及互动，收集大量丰富的客户信息，这些联系途径方便快捷，也是企业收集客户信息的常用渠道。

6）通过客户反馈收集客户信息

客户对产品、服务的反馈，尤其是投诉或抱怨时所反馈的客户信息，更需要加以细致分析与整理，在快速解决问题的同时防止类似问题再次发生，并为开发新产品和改进产品增值服务提供支持。

## 2．间接途径

间接途径是指企业不亲自收集客户信息，而是通过查询、购买等方式从其他机构或者组织那里获取所需要的客户信息。

1）通过国内外各种媒介收集客户信息

可以通过国内外各种权威性报纸、杂志、图书和国内外各大通讯社、互联网、电视台等媒介收集客户信息。

2）通过工商行政管理部门及驻外机构收集客户信息

工商行政管理部门一般掌握客户的注册情况、资金情况、经营范围、经营历史等，是可靠的信息来源。对国外客户，可委托我国驻各国大使馆、领事馆的商务参赞帮助了解。另外，也可以通过我国一些大公司的驻外业务机构帮助了解客户的资信情况、经营范围、经营能力等。

3）通过国内外金融机构及其分支机构收集客户信息

一般来说，客户均与各种金融机构有业务往来，通过金融机构了解客户的信息，尤其是资金状况是比较准确的。

4）通过国内外咨询公司及市场研究公司收集客户信息

国内外咨询公司及市场研究公司具有业务范围较广、速度较快、信息准确的优势，可以充分利用这个渠道对特定的客户进行全面调查，从而获取客户的相关信息。

5）从已建立客户数据库的公司租用或购买客户信息

小公司由于实力有限或其他因素的限制，没有能力自己收集客户信息，可以通过向已经建立客户数据库的公司租用或者购买来获取客户信息，这往往比自己收集客户信息的费用要低得多。

6）从国内外主要物流公司获取

物流是电子商务发展的重要因素之一。随着电子商务的进一步发展，物流对电子商务的作用日益突出，各类型企业的发展都离不开物流环节，货物来往转运会留下企业的许多信息，是获取客户信息的有效途径。

7）其他渠道

除了以上几种渠道外，企业还可以通过战略合作伙伴、老客户、行业协会、商会等渠道获取客户信息，还可以与同行业不具有竞争威胁的企业交换客户信息。

## 三、客户分析

### 1. 电商客户需求分析

客户进入网店，主要是为满足对某个（某种）商品的需求，但是除此主要需求外，还有其他容易被忽视的需求，包括被欢迎的需求，被重视的需求，被认同的需求，高效、及时、专业服务的需求，安全及隐私的需求。

### 2. 电商客户类型分析

1）按客户性格特征

（1）友善型客户。友善型客户性格随和，对人和事较为理解、宽容，通常容易成为企业的忠实客户，对待此类客户不能因为对方的要求低而降低服务水平，反而应该提供最好的服务，以更好地留住此类客户。

（2）独断型客户。独断型客户较为自信，有很强的决断力，一般不善于理解别人；较为在意自己付的出是否得到相应的回报；不能容忍欺骗、怀疑、慢待、不尊重等行为。对待此类客户要尽可能满足其要求，使其有被尊重感。

（3）分析型客户。分析型客户情感细腻，容易被伤害，有很强的逻辑思维能力；懂道理，也讲道理，对公正的处理和合理的解释可以接受；对待此类客户应该真心坦诚，尽可能通过合理解释争取对方的理解。

（4）自我型客户。自我型客户多以自我为中心，缺乏同情心，不习惯站在他人的立场上考虑问题；绝对不能容忍自己的利益受到任何伤害。对待此类客户要有耐心，尽量满足其需求。

2）按客户的购买行为

（1）交际型客户。交际型客户喜欢聊天，需要工作人员在接待时耐心对待，看似不着边际的闲聊,却能使客户收获认同感,进而产生信任感,进一步成为忠实客户。这类客户是需要重点维护的。

（2）购买型客户。购买型客户不喜欢工作人员过于热情,他们有自己的决断,往往在直接购买自己心仪的商品后便会离开。对待此类客户,工作人员只需安静、有礼,在客户有问题时耐心解答即可。

（3）礼貌型客户。礼貌型客户会因为工作人员的热情而感到"如果不买会不好意思"而购买商品,对待此类客户要尽可能热情接待。

（4）讨价还价型客户。讨价还价型客户最看重的是商品的价格,对喜欢讲价,且讲了再讲的客户,可以通过赠送礼品、赠送积分、提升会员等级等方式来促进成交,同时要确保在整个过程中保持耐心。

### 3. 电商客户常见购买心理

（1）求实心理,即消费者在选购商品时,不过分强调商品的美观,而是以朴实耐用为主,其核心动机就是实用和实惠。此时在商品描述中要突出"实惠""耐用"等字眼。

（2）求新心理,即消费者在选购商品时尤其重视商品的款式和当前的流行样式,追逐新潮。对商品是否经久耐用、价格是非合理则不太考虑,其核心动机就是时髦和奇特。商品描述要突出"时髦""奇特"等字眼,并在图片处理时尽量做到个性、独特。

（3）求美心理,即消费者在选购商品时不仅关注商品的价格、性能、质量、服务等方面,还关注商品的包装、款式、颜色、造型等,商品描述要尽量突出款式的新颖、造型的独特等。

（4）求名心理,即消费者在选购商品时,特别注重商品的威望和象征意义。商品要明贵、牌子要响亮,以此来显示自己的特殊地位,或炫耀自己的能力非凡,其核心动机是在显示和炫耀。具有这种心理的消费者对名牌有一种安全感和信赖感,觉得质量信得过,采取投其所好的策略即可。

（5）求廉心理,即消费者在选购商品时,特别计较商品的价格,喜欢物美价廉或者减价处理的商品,其核心动机就是便宜,对此只要实行低价促销即可。

（6）从众心理,即消费者购买时容易受别人的影响。如许多人正在抢购某种商品时,他们极有可能加入抢购者的行列。具有这种心理的消费者平时总是留心观察周围人的穿着打扮,喜欢打听别人所购商品的信息,而产生模仿心理和暗示心理。针对具有这种心理的消费者,需在商品描述中加上"流行""认可度高"等字眼,再以价格优势促进成交。

## 任务操作：进行客户信息管理

客户信息管理旨在改善企业与客户之间关系、提高客户忠诚度,致力于以产品和资源为基础、以客户服务为中心、以赢得市场并取得最大回报为目标。了解客户的需求,更好地为客户服务,是企业赢得更大发展的重要方面。无论是开发新客户,还是巩固老客户,客户信息管理都是最基础、最重要的工作。客户信息管理的步骤如下。

步骤一：建立客户档案。客户档案包括购买记录、客户满意度调查表、客户投诉单、客户回访表等，如果是企业客户则应该包括该公司营业执照等法人资质资料、该公司的信用状况、主营产品、业务范围、联系方式等，将这些资料信息进行分类整理，建立客户信息档案，以备查用。同时，还需根据公司实际情况，将客户进行分类管理，建立不同客户群体档案，以便针对不同的客户，采取不同的销售策略。

步骤二：对客户的信用管理、资信评估和客户分级。通过对客户信用调查，客户财务情况分析，进行客户资信分级管理。这可以有效利用企业资源，提高客户服务的效率，避免或降低商业风险。企业与客户之间要相互沟通，才能稳定老客户，争取新客户，并从客户群中了解周边市场的信息。客户信息是建立客户信息档案的基础资料，是市场信息的重要组成部分，对客户信息进行统一管理，有助于提高企业的管理水平，使企业更加准确地了解市场，掌握市场动态。

步骤三：分析客户交易信息。通过客户购买频次、常购物品等基本信息，研究客户的购买倾向，对客户购买需求进行分析，进而进行有针对性的促销；通过客户购买后的"要求退差价""差评""好评""退换货"等行为发现客户对商品的关注点，如客户"要求退差价"的行为往往表示其对商品的价格较为敏感，对此类客户，降价促销策略往往较为有效。

步骤四：做好客户信息保密工作。公安部网络安全保卫局联合北京网络行业协会、公安部第三研究所共同研究制定的《互联网个人信息安全保护指南》提出了对个人信息的收集、保存、应用、删除、第三方委托处理、共享和转让、公开披露等业务的全流程管理，明确个人信息收集应获得个人信息主体的同意和授权，不应收集与其提供的服务无关的个人信息；收集到的个人信息应采取相应的安全加密存储等安全措施进行处理；个人信息的应用，应符合与个人信息主体签署的相关协议和规定，不应超范围应用个人信息等，电商企业在客户信息收集、使用过程需严格遵守。

# 任务评价

| 班　　级 | | 姓　　名 | | 日　　期 | |
|---|---|---|---|---|---|
| 任务名称 | 客户信息管理 | | | | |
| 知识要点 | 掌握客户信息管理的方法 | | | | |
| 实践过程记录 | | | | | |
| 一、学习记录 | | | | | |

续表

二、反思改进

| 评分 | 自评(30%) | 互评(40%) | 师评(30%) | 总成绩 | |
|------|-----------|-----------|-----------|--------|---|
| 成绩 | | | | | |
| 评价人 | | | | | |

# 任务三　客户满意度管理

## 任务引入

某火锅店始终秉承"服务至上、顾客至上"的理念,以创新为核心,改变传统的标准化、单一化的服务,提倡个性化的特色服务,将用心服务作为基本经营理念,致力于为顾客提供"贴心、温心、舒心"的服务。

(1)顾客就餐前:服务人员会引导客人停靠自己的车辆,如果需要等车位,他们会在顾客等车位的过程中,送上各式小吃。此外,顾客还可以在等待时打牌、下棋、免费上网,女士还可以享受免费的美甲服务,男士可以免费享受擦皮鞋服务。

(2)顾客就餐时:顾客点菜时,服务人员会适当提醒顾客如何用同样的价钱享受两倍的菜品;在席间服务方面,服务人员会主动为顾客更换热毛巾,给长发女生提供符合她们颜色喜好的橡皮筋和小发夹等;在就餐质量方面,一般带小孩的顾客会不太方便就餐,服务人员会暂时充当孩子的保姆,使每个人的需求都能得到很好的满足;在就餐娱乐方面,抻面师傅会在顾客面前现场表演抻面功夫并与顾客进行简单的互动,让顾客在赞叹其技术时感受到吃饭的娱乐感。

(3)顾客就餐后:顾客用餐完毕,服务人员会送上果盘和口香糖,微笑告别顾客,并主动帮顾客提车。

(4)其他方面:在卫生间,会有服务人员提醒小心地滑,会有服务人员帮助挤洗手液、递擦手纸巾、提供牙刷和纸杯供顾客洗漱,极具人性化。

这家火锅店通过服务征服了绝大多数的火锅爱好者,对其满意度极高的顾客会乐此不疲地将就餐经历和心情发布在网上,越来越多的人被吸引至此,生意十分红火。

**思考**:我们可以从这家火锅店的经营方式中获得什么经验?应如何进行客户满意度管理?

# 知识准备

## 一、客户满意度概述

### 1. 客户满意

被称为"市场营销之父"的菲利普·科特勒说:"满意是指一个人通过对一个产品的可感知效果(perceived performance)与他的期望值(expectation)相比较后,所形成的愉悦或失望的感觉状态。"

客户满意(customer satisfaction,CS)是20世纪80年代中后期出现的一种经营理念,其基本内容是企业的整个经营活动要以客户满意度为指针,要从客户的角度、用客户的观点来分析客户的需求,尽可能全面尊重和维护客户的利益。

客户满意水平是可感知效果和期望之间的差异函数。如果可感知效果低于期望,客户就会不满意;如果可感知效果与期望相匹配,客户就满意;如果可感知效果超过期望,客户就会高度满意、高兴或欣喜。

### 2. 客户满意度

客户满意度是客户在购买相应的产品或服务时所获得的不同程度的满足状态。客户满意度是一个相对的概念,是客户期望值与最终获得值之间的匹配程度;客户满意度的高低与其付出的成本相关,付出成本越高,期望值越高;客户满意度的高低还与其参与程度相关,客户参与度越高,付出的努力越多,满意度就越高。

## 二、客户满意度的影响因素

影响客户满意度的因素涉及企业、产品、营销与服务体系、企业与客户的沟通、客户关怀、客户期望值等多个方面。其中任何一个方面给客户创造了更多的价值,都有可能提高客户满意度;反之,任何一个方面的减少或缺乏,都将降低客户满意度。

### 1. 企业

企业是产品与服务的提供者,客户对企业和企业产品的了解,首先来自企业在公众当中的形象、企业规模、效益、公众舆论等内部和外部的因素。当客户计划购买产品或服务时,他们会非常关心购买什么样的产品,购买哪家的产品,这时企业的形象就起到了很大的决定作用。形象模糊不清的企业,公众一般难以了解和评价;而形象清楚、良好的企业可以带给客户认同感,提升企业的竞争优势。

### 2. 产品

产品的整体概念包括三个层次,即核心产品层、有形产品层和附加产品层。

(1) 核心产品层是指客户购买产品时所追求的基本效用或利益,这是产品最基本的层次,是满足客户需求的核心内容。客户对高价值、耐用消费品要求比较苛刻,因此这类产品难以取得客户满意,但一旦客户满意,客户忠诚度将会很高。客户对价格低廉、一次性使用的产品要求较低。

(2)有形产品层是指构成产品形态的内容,是核心产品得以实现的形式,包括品种、式样、品质、品牌和包装等。由于产品的基本效用必须通过特定形式才能实现,因此企业应该在着眼于满足客户核心利益的基础上,努力寻求更加完善的外在形式,以满足客户的需要。

(3)附加产品层是指客户在购买产品时所获得的全部附加服务或利益。企业生产的产品不仅要为客户提供使用价值和表现形式,有时还需要提供信贷、免费送货、质量保证、安装、调试和维修等服务项目;否则,会影响客户满意度。

### 3. 营销与服务体系

现代的市场竞争不仅在于生产和销售什么产品,还在于提供什么样的附加服务和利益。企业竞争的焦点已经转移到服务方面,企业的营销与服务体系是否有效、简洁,是否能为客户带来方便,售后服务时间的长短,服务人员的态度、响应时间,投诉与咨询的便捷性,服务环境、秩序、效率、设施和服务流程等都与客户满意度有直接关系。同时,经销商作为中间客户,有其自身的特殊利益与处境。企业通过分铺政策、服务策略可获得经销商的信赖,提高其满意度,使经销商主动向消费者推荐产品,解决消费者一般性的问题。

### 4. 企业与客户的沟通

企业与客户的良好沟通是提高客户满意度的重要因素。很多情况下,客户对产品性能的不了解,造成使用不当,需要企业提供咨询服务;客户因为质量、服务中存在的问题要向企业投诉,如果缺乏必要的渠道或渠道不畅,容易使客户不满意。客户抱怨主要集中在质量、服务方面,而涉及价格、性能的很少,即使客户有抱怨,只要沟通渠道畅通、处理得当、使客户满意,客户会对企业表示理解,并且还会继续选择该企业的产品。

### 5. 客户关怀

客户关怀是指无论客户是否咨询、投诉,企业都主动与客户联系,对产品、服务等方面可能存在的问题主动向客户征求意见,帮助客户解决未提出的问题,倾听客户的抱怨、建议。客户抱怨或投诉不但不是坏事,反而是好事,它不仅能为企业解决问题提供线索,而且能为留住最难于对付的客户提供了机会;相反,不抱怨或投诉的客户直接离去,才是企业最担心的。通常,客户关怀能大幅度提高客户满意度,但客户关怀不能太频繁,否则会造成客户反感,适得其反。

### 6. 客户期望值

客户期望值越高,达到满意的可能性就越少,这对企业在实现客户预期上提出了更高的要求。

# 三、客户满意度测评

## 1. 客户满意度指数

客户满意度指数(customer satisfaction index,CSI)是测量客户满意度的经济指标。该指数的结构及变量如图 5-1 的费耐尔模型所示。

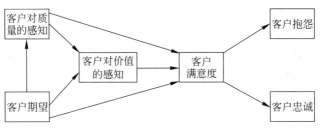

图 5-1　费耐尔模型

## 2. 客户满意度测评的含义

客户满意度测评是指通过测量客户对产品或服务的满意程度以及决定满意程度的相关变量和行为趋向,利用数学模型进行多元统计分析,得到客户对某一特定产品的满意程度。客户满意度测评可以帮助企业了解发展趋势,找出经营策略的不足,为企业制定经营、发展政策,改进产品质量,提高服务水平提供科学参考。

## 3. 客户满意度测评的指标体系

基于客户满意度指数的结构及变量,可构建客户满意度测评的指标体系如表 5-1 所示。

表 5-1　客户满意度测评的指标体系

| 一级指标 | 二级指标 | 三级指标 | 四级指标 |
|---|---|---|---|
| 客户满意度指数 | 客户期望 | (1) 对产品或服务的质量的总体期望<br>(2) 对产品或服务满足需求的期望<br>(3) 对产品或服务可靠性的期望 | 对应问卷中的问题 |
| | 客户对质量的感知 | (4) 对产品或服务质量的总体评价<br>(5) 对产品或服务满足需求的评价<br>(6) 对产品或服务可靠性的评价 | 对应问卷中的问题 |
| | 客户对价值的感知 | (7) 给定价格条件下对质量的评价<br>(8) 给定质量条件下客户对价格的评价<br>(9) 客户对总价值的评价 | 对应问卷中的问题 |
| | 客户满意度 | (10) 总体满意程度<br>(11) 实际与期望的比较<br>(12) 实际与同类理想产品或服务的比较 | 对应问卷中的问题 |
| | 客户抱怨 | (13) 客户抱怨次数<br>(14) 客户抱怨的效果 | 对应问卷中的问题 |
| | 客户忠诚度 | (15) 重复购买的可能性<br>(16) 重复购买所能接受的心理价格<br>(17) 重复购买所能抵制的竞争对手降价幅度 | 对应问卷中的问题 |

### 4. 客户满意度测评的方法

客户满意度测评的主要步骤如图 5-2 所示。

1）确定测评对象

企业根据自己的测评目的,确定测评对象,可以是实际购买产品或服务的客户(又可细分为所有的实际客户或 VIP 客户等),也可以是经销商、分销商等。

2）问卷设计

根据客户满意度测评的指标体系,结合企业测评目的进行问卷设计,问卷设计的基本原则如下。

（1）内容简明扼要。

（2）问题设计通俗易懂。

（3）便于对调查资料进行分析与处理。

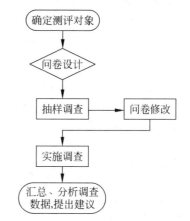

图 5-2 客户满意度测评的主要步骤

问卷设计的基本步骤如下。

（1）确定信息资料。

（2）问题的设计与选择。

（3）确定问题的顺序。

（4）问卷的测试与修改。

问卷设计应注意以下要点。

（1）用词准确。

（2）内容具体。

（3）注意表达技巧。

3）抽样调查

为了使问卷设计更加有效,测评结果更加客观,在问卷设计好后应先在目标测评对象中抽取一部分来进行抽样调查。

4）问卷修改

对抽样调查过程及结果进行分析,以便发现问卷中存在的问题并进行及时修改。

5）实施调查

通过网络发放或邮寄等多种形式请调查对象回答问卷,一般而言,网络发放的问卷效率高、回收率也较高,而邮寄问卷一般较难回收。

6）汇总、分析调查数据,提出建议

将调查结果进行汇总,通过图表等多种形式对原始数据进行分析,分析过程中要注意问题间的相关性,通过分析发现问题。结合经济学、统计学等相关知识找出规律,提出对企业经营发展有效的意见、建议。

## 任务操作：提升客户满意度

要真正使客户对所购商品和服务满意，期待客户能够在未来继续购买，企业必须着力提升客户满意度，具体步骤如下。

步骤一：坚持"以客户为中心"的经营理念。"以客户为中心"的企业经营理念是客户满意的基本动力，是引导企业决策、实施企业行为的思想源泉。

步骤二：树立企业良好的市场形象。企业形象是企业被公众感知后形成的综合印象。产品和服务是构成企业形象的主要因素，还有一些因素不是客户直接需要的，但却影响客户的购买行为，如企业的购物环境、服务态度、承诺保证、品牌知名度、号召力等。

步骤三：开发令客户满意的产品。产品价值是客户购买的总价值中最主要的部分，是总价值构成中比重最大的因素。客户的购买行为首先是因商品的实用性和满意程度产生的，也就是商品的价值。这就要求企业的全部经营活动都要以满足客户的需要为出发点，把客户需求作为企业产品开发的源头。

步骤四：提供客户满意的服务。热情、真诚、为客户着想的服务能带来客户的满意，企业要从不断完善服务系统、以方便客户为原则、用产品特有的魅力和一切为客户着想的体贴等方面去感动客户。售中和售后服务是企业接近客户最直接的途径，它比通过发布市场调查问卷来倾听消费者呼声的方法更加有效。

步骤五：科学地倾听客户意见。现代企业实施客户满意战略必须建立一套客户满意分析处理系统，用科学的方法和手段检测客户对企业产品和服务的满意程度，及时反馈给企业管理层，为企业不断改进工作、及时满足客户的需要服务。

步骤六：加强客户沟通与客户关怀。企业要完善沟通组织、人员、制度，保证渠道畅通、反应快速。企业要定期开展客户关怀活动，特别是在客户刚刚购买产品、到了产品使用年限、使用环境发生变化时，企业的及时感谢、提醒、咨询和征求意见往往能达到让客户非常满意的效果。

步骤七：控制客户期望值。客户满意与客户期望值的高低有关。提高客户满意度的关键是企业必须按自己的实际情况向客户宣传自己的产品和服务，不要过分夸大产品的性能、质量与服务，使客户产生过高的期望值。

## 任务评价

| 班　级 | | 姓　名 | | 日　期 | |
|---|---|---|---|---|---|
| 任务名称 | 客户满意度管理 | | | | |
| 知识要点 | (1) 客户满意度的影响因素；<br>(2) 客户满意度的测评方法；<br>(3) 客户满意度的提升途径 | | | | |

续表

| 实践过程记录 | | | | |
|---|---|---|---|---|
| 一、学习记录 | | | | |
| 二、反思改进 | | | | |
| 评分 | 自评(30%) | 互评(40%) | 师评(30%) | 总成绩 |
| 成绩 | | | | |
| 评阅人 | | | | |

# 任务四　客户忠诚度管理

## 任务引入

### 星巴克的客户忠诚管理

　　星巴克长期以来一直致力于向客户提供优质的咖啡和服务,营造独特的"星巴克体验",让全球各地的星巴克店成为人们除了工作场所和生活居所外,温馨舒适的"第三生活空间"。在星巴克,每一名员工都会接受一系列培训,即使是短时间勤工俭学的大学生也不例外。培训的内容包括基本销售技巧、咖啡基本知识、咖啡制作技巧等。因此,星巴克能为每位客户提供优质的服务。在餐饮服务业中,构筑产品差异的成本很高,所以想通过产品和价格吸引客户是很难的,而客户往往在认同了一种服务后,在很长时间内都不会变化,会长期稳定地购买这种服务。因此,星巴克以"攻心战略"来感动客户,培养客户的忠诚度。星巴克咖啡产品的品质稳定,服务人员热忱,设施人性化,气氛让人留恋。星巴克巧妙地和消费者的生活形态相结合,可以让学生不受干扰地读书,让上班族下班之后惬意休息。不少消费者表示,星巴克已经成为他们生活的一部分。

　　**思考:**如果你是一位网店经营者,应如何提高店铺客户的忠诚度?

137

# 知识准备

## 一、客户忠诚度概述

### 1. 客户忠诚

客户忠诚是客户对某企业或某品牌长久的忠心并且一再指向性地重复购买,而不是偶尔重复购买同一企业的产品或服务的行为,它是客户满意不断强化的结果。客户忠诚表现出的是购买行为,并且是有目的性的、经过思考决定的购买行为。与客户满意的感性知觉不同,客户忠诚是客户在理性分析基础上的肯定、认同和信赖。

### 2. 客户忠诚度

客户忠诚度是指客户忠诚的程度,是一个量化概念,是指由于质量、价格、服务等诸多因素的影响,使客户对某一企业的产品或服务产生感情,形成偏爱并长期重复购买该企业产品或服务的程度。

### 3. 客户忠诚与客户满意的关系

客户满意与客户忠诚是一对相互关联的概念,但两者之间有明显的区别。客户满意是客户需求被满足后的愉悦感,是一种心理活动。客户满意度与态度相关联,争取客户满意的目的是尝试改变客户对产品或服务的态度。客户忠诚所表现出来的却是购买行为,并且是有目的性的、经过思考决定的购买行为。衡量客户忠诚度主要以两方面出发,即客户的保持度和客户的占有率。客户满意度和客户忠诚度的关系如图 5-3 所示。

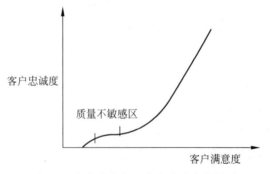

图 5-3　客户满意度和客户忠诚度的关系

客户忠诚是客户满意的提升,客户忠诚可以促进客户重复购买行为的发生,是一种后续的、持续的交易行为。对大多数企业来说,客户忠诚比客户满意更有价值,企业提升客户满意度的根本目的是提升客户忠诚度。

不可否认,客户满意度是导致客户重复购买最重要的因素,当客户满意度达到某一高度,会引起客户忠诚度的大幅提高。客户忠诚度的获得必须有一个最低的客户

138

满意度水平,在这个客户满意度水平线下,客户忠诚度将明显下降。但是,客户满意度绝对不是提高客户忠诚度的唯一条件。

## 二、客户忠诚的分类

客户忠诚于某一企业不是因为其促销或营销项目,而是因为他们获得的价值。影响客户获得价值的因素有很多,如产品质量、购买便利、售后支持等。能为客户提供高水平服务的企业往往拥有更高水平的客户忠诚。客户忠诚一般可以划分为以下类型。

### 1. 垄断忠诚

企业或者产品在行业中处于垄断地位,客户无论满意与否,只能使用这些产品或服务,是客户在别无选择下的一种顺从态度,比如某一行业唯一的供应商。对待这类企业,客户通常是低依恋、高重复的购买者,因为他们的购买行为是一种无可奈何的选择。

### 2. 惰性忠诚

惰性忠诚是指客户由于方便或惰性而不愿意寻找其他供应商,如很多人会长期固定在某一超市购物,制造商总是从同一家工厂订购某一专门部件。他们之所以总是选择一家特定的卖主,是因为他们对于订货程序非常熟悉。这类客户是低依恋、高重复的购买者,他们对企业产品或服务并不是非常满意,如果其他公司能够让他们得到更多的实惠,这些客户便很容易被吸引走。对这类客户,企业应当通过差异化的产品和服务来改变其对企业的印象。

### 3. 潜在忠诚

潜在忠诚是客户可能拥有但是尚未表现出来的忠诚,也就是客户希望长期、持续购买产品或服务,但是企业的一些内部规定或其他环境因素限制了他们。例如,客户原本希望再次购买,但是企业却规定每次购物必须达到一定金额才能提供免费配送,这就会在一定程度上限制客户再次购买的意愿。

### 4. 利益忠诚

利益忠诚的客户,其忠诚源于企业给予的额外利益,他们对价格、赠品等额外的利益更为在意,而对企业的产品或服务态度一般。这些低依恋、低重复购买的客户是不能发展成为忠诚客户的。例如很多一元店、二元店、十元店等小超市,就是从低价出发,做好自己的生意,但这种超市重复光顾的客户并不是很多。

### 5. 激励忠诚

企业通常会为经常光顾的客户提供一些忠诚奖励,比如会员日折扣。激励忠诚的客户也是低依恋、高重复购买类型。当企业有相关奖励活动的时候,客户会积极前来购买;当活动结束后,客户就会转向其他有奖励的或者更多奖励的企业。

### 6. 超值忠诚

超值忠诚是一种典型的感情或品牌忠诚。超值忠诚的客户是高依恋、高重复购买的客户,这种忠诚对很多行业来说都是最有价值的。客户对那些使其从中受益的产品或服务情有独钟,不仅自己始终如一的坚持,还会乐此不疲地到处宣传产品的好处,他们会不辞辛劳地到自己喜欢的品牌专卖店购物,而且竭力向周边亲朋推荐。

综上所述,客户忠诚的类型众多,而对企业来说,真正高价值的忠诚客户是超值忠诚者,唯有这类客户对企业是高依恋、高重复购买的。

## 三、客户忠诚度的影响因素

### 1. 客户满意

如前所述,客户满意是影响客户忠诚的重要因素。一般而言,客户满意度越高,客户忠诚度也越高;客户满意度越低,客户忠诚度则越低。但是由于每个行业都有其特殊性,两者的关系并非如此简单,客户忠诚很大程度上受客户满意的影响,但不绝对。满意的客户不一定忠诚,但客户不满意通常就会不忠诚,虽然也会有惰性忠诚的存在,但是满意依然是推动忠诚的最重要因素。

### 2. 感知价值

感知价值是客户在感知到产品或服务的利益之后,减去其在获取产品或服务时所付出的成本,从而得出的对产品或服务效用的主观评价。感知价值的核心是感知利益(perceived benefits)与感知付出(perceived sacrifices)之间的权衡。这一概念包含着两层含义:首先,价值是个性化的,因人而异,不同客户对同一产品或服务所感知到的价值并不相同;其次,价值代表着一种效用(收益)与成本(代价)间的权衡,客户会根据自己感受到的价值做出购买决定,而绝不是仅仅取决于某单一因素。体现客户对产品或服务所具有的价值的特定认知,从而区别于一般意义上的产品或服务的客观价值。感知价值被认为是客户受让价值的主观认知的结果。因此,客户的感知价值会极大地影响客户忠诚。

### 3. 信任

信任是客户忠诚的一个决定性因素。信任的效果可以表达为这样一种感觉,即"相信他能做好",只有在客户产生了对产品、品牌、和商家的信任之后,才会重复购买,忠诚才会产生。信任有三个支持性的部分:商家提供产品和服务的能力、善意和信誉,只有这三个部分都满足,才能让客户产生信任。企业必须在和客户接触初期就向客户表现出这三个部分,并在之后的接触中不断深化客户对这三个部分的认知。

### 4. 情感

客户的所有购买决定都在某种程度上和情感因素有联系,而在当前日益发达的购物环境中,客户购买行为的感情化倾向不断加强,情感在客户忠诚中的影响不容忽视。这是因为企业给予客户的利益,竞争者也同样可以提供类似的利益,但是竞争者难以攻破情感深度交流下建立的客户忠诚。企业一旦与客户有了情感,就会使企业与客户从单纯的买卖关系升华为伙伴关系。当客户与企业感情深厚时,就不会轻易离去,即使受到其他利益的诱惑也会掂量与企业情感的分量。

### 5. 转移成本

转移成本是指当客户从一个产品或服务的提供者转向另一个提供者时所产生的一次性成本,包括利益损失成本、关系损失成本、组织调整成本、对新供应商的评估成本、掌握新产品使用方法的学习成本等。转移成本不仅包含经济上的损失,也包含精力上、时间上和情感上的损失。一般情况下,如果两件商品的消费成本一样,那么消费者倾向于购买转移成本低的商品。也就是说,购买一件商品的转移成本越高,那么消费者越不愿意进行这次消费行为。因此,从某种意义上说,提高一件商品的转移成本有利于提高用户的忠诚度,使消费者不愿意轻易改投他家。

## 四、客户忠诚度的衡量指标

### 1. 重复购买率

在一定时期内,客户对某一品牌产品或服务重复购买的次数越多,说明其对该品牌的忠诚度越高。想让客户再次或是多次购买自己的产品,就需要仔细了解客户所需。应注意的是,在确定这一指标的合理界限时,必须根据不同的产品加以区分,比如日用品的重复购买率和汽车等昂贵商品的重复购买率是没有可比性的。

### 2. 决策时间长短

客户购买商品,都会经过仔细比较和挑选。如果客户对某一品牌或者产品较为信任,就会缩短挑选的时间。一般来说,客户挑选时间短,说明他对某一产品形成了偏爱,对这一产品的忠诚度较高;反之则说明他对这一商品的忠诚度较低。

### 3. 购买的便利性

购买的便利性,如喜欢就近购买、是否有免费配送、停车场的配置如何等都会影响客户的选择。一般而言,客户会选择路近、有免费配送、停车场便利的地方购物,但是如果客户不计路途、不考虑其他因素,只选择某一企业或者产品,则可认为其对该产品和企业具有较高的忠诚。

### 4. 对价格的敏感程度

通常情况下,客户在购买商品时,对商品价格的变动都会较为敏感,但是这种敏感会受客户对商品的喜爱与信赖影响。也就是说,客户对商品越是信赖,对价格的敏感度就会越低。据此可衡量客户对某一品牌的忠诚度。

### 5. 对竞争者的态度

人们对某一品牌态度的变化,多是通过与竞争产品比较产生的。根据客户对竞争者的态度,可以判断客户对某一品牌的产品忠诚度的高低。如果客户对竞争对手产品兴趣浓厚,好感强,就说明其忠诚度低。如果客户对其他品牌的产品没有好感,兴趣不大,就说明其忠诚度高。

### 6. 对瑕疵品的态度

任何一个企业都可能因种种原因而出现产品质量问题,即使名牌产品也在所难免。如果客户对某一品牌的忠诚度较高,对产品出现的问题就会更加包容;反之,则会更加计较。

## 任务操作:提升客户忠诚度

客户是企业生存的根本,没有客户,企业就失去了生存的土壤,在不断获取新客户的同时留住老客户,是企业生存和发展的保证。有了忠诚的客户,企业才能健康持续发展,提升客户忠诚度对企业发展有着重要意义。提升客户忠诚度的方法如下。

步骤一:控制产品质量和价格。产品质量是企业开展优质服务、提高客户忠诚度的基础。世界众多品牌产品的发展历史表明,客户对品牌的忠诚在一定意义上也可以说是对其产品质量的忠诚。只有过硬的高质量产品,才能真正在客户的心目中树立起"金字招牌",从而受到客户的信赖。仅有产品的高质量是不够的,合理地制定产品价格也是提高客户忠诚度的重要手段。企业要以获得正常利润为定价目标,坚决摒弃追求暴利的短期行为;要尽可能地做到按客户的预期价格定价。所谓预期价格,是大多数消费者对某一产品的心理估价。如果企业定价超出预期价格,消费者会认为价格过高,名实不符,从而削弱购买欲望;如果企业定价达不到预期价格,消费者又会对产品的性能产生怀疑。

步骤二:树立"以客户为中心"的服务理念。企业必须树立"以客户为中心"的理念,并且把这种理念深入企业各个业务部门的工作流程中。企业的每位员工,都应该致力于为客户创造愉快的购物经历,并时刻努力做得更好,超越客户的期望值。经常接受企业服务而且感到满意的客户会为企业做正面的宣传,会将企业的服务推荐给朋友、邻居、生意上的合作伙伴等,他们会成为企业"义务"的市场推广人员。许多企业,特别是一些中小型企业,就是靠客户的不断宣传而发展起来的。

在这种情况下,新客户的获得不再需要企业付出额外的成本,但显然会增加企业的利润。

步骤三:提高客户满意度。客户满意度在一定意义上体现着企业经营水平。通过客户满意调查、面谈等,真实了解企业的客户目前最需要的是什么,什么对他们最有价值,明确企业接下来应当做什么。

步骤四:正确处理客户的问题。一个遇到过问题并得到很好解决的客户,对企业和产品的忠诚度明显要高于从未遇到过问题的客户。因此,企业应尽力鼓励客户提出问题,客户的问题可以成为企业发现自身不足的切入点,用心解决客户的问题,既可以留住忠诚的客户,还可以解决企业发展中存在的问题。

步骤五:制定区别于竞争对手的激励政策。很多企业会推出以价格刺激或额外利益奖励为目标的客户忠诚计划,如价格折扣、累计积分、赠送促销品等措施,以期增加客户的购买频率及单次购买数量。然而,这些措施非常容易被竞争对手模仿。企业要通过多种途径加强与客户的沟通,深入了解客户需求,采取与竞争对手不同的激励模式,开发不同的激励政策,为客户提供差异化的超值服务或增值服务。

## 任务评价

| 班　级 | | 姓　名 | | 日　期 | |
|---|---|---|---|---|---|
| 任务名称 | 客户忠诚度管理 | | | | |
| 知识要点 | 1. 客户忠诚的概念、类型、影响因素、衡量指标;<br>2. 提升客户忠诚度的方法 | | | | |
| 实践过程记录 | | | | | |
| 一、学习记录 | | | | | |
| 二、反思改进 | | | | | |
| 评分 | 自评(30%) | 互评(40%) | 师评(30%) | 总成绩 | |
| 成绩 | | | | | |
| 评价人 | | | | | |

# 任务五　客户关系管理系统

## 任务引入

### 京东的客户关系管理系统

京东通过使用客户关系管理系统,明显提升了客户关系管理的效果,其效果如下。

**1. 个性化推荐**

京东根据用户的浏览记录和购买历史,实现了个性化推荐功能,向用户展示符合其兴趣和需求的商品,提高了购买转化率。

**2. 客户服务体系**

京东设立了 24 小时客服热线和在线客服平台,为用户提供全天候的咨询和售后服务,及时解决用户问题,提升了用户的满意度和忠诚度。

**3. 会员制度**

京东通过建立会员制度,为会员提供专属的优惠活动、积分兑换等特权,吸引用户成为忠实的会员,并促使会员的再次购买。

**4. 社交化互动**

京东利用社交媒体平台和用户评价系统,鼓励用户分享购物心得和评价商品,增加用户之间的交流互动,提高用户对商品的信任度和购买意愿。

**思考:** 通过客户关系管理系统,可以提升店铺哪些管理效果?

## 知识准备

## 一、CRM 系统的定义

客户关系管理(customer relationship management,CRM)系统是指利用软件、硬件和网络技术,为企业建立一个客户信息收集、管理、分析和利用的信息系统,它以客户数据的管理为核心,记录企业在市场营销和销售过程中与客户发生的各种交互行为,以及各类有关活动的状态,提供各类数据模型,为后期的分析和决策提供支持。

## 二、CRM 系统的发展

CRM 系统的体系结构经历了三个发展阶段:主机/终端(H/T)体系结构、客户机/服务器(C/S)体系结构、浏览器/服务器(B/S)体系结构,如图 5-4 所示。

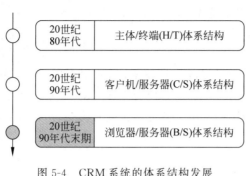

图 5-4　CRM 系统的体系结构发展

## 三、CRM 系统的基本构架

集成了客户关系管理思想和先进技术成果的 CRM 系统,是企业实现以客户为中心战略导向的有力助手。一个完整、有效的 CRM 系统应当包含以下四个子系统。

### 1. 客户合作管理系统

CRM 系统要突出以客户为中心的理念,首先应当使客户能够以各种方式与企业进行沟通交流,而客户合作管理系统就具备这项功能。

### 2. 业务操作管理系统

企业中每个部门都需要与客户进行接触,市场营销、销售、客户服务部门与客户的接触更为频繁。因此,CRM 系统需要为这些部门提供支持,业务操作管理系统便应运而生。业务操作管理系统主要实现了市场营销、销售、客户服务与支持的基本功能。

### 3. 数据分析管理系统

数据分析管理系统可实现数据收集、数据存储、数据挖掘等工作,并在此基础上实现商业智能和决策分析。此系统主要负责收集、存储和分析市场、销售、服务及整个企业的各类信息,对客户进行全方位的了解,为企业市场决策提供依据,厘清企业资源与客户需求之间的关系,提高客户满意度,实现挖掘新客户、支持交叉销售、保持和挽留老客户、发现重点客户、支持面向特定客户的个性化服务等目标。

### 4. 信息技术管理系统

由于客户关系管理的各功能模块和相关系统运行都需要有先进的技术进行保障,因此对信息技术的管理也成为 CRM 系统成功实施的关键。

## 四、CRM 系统的特点

CRM 系统依据先进的管理思想,利用先进的信息技术,帮助企业实现客户导向战略,CRM 系统具有以下特点。

### 1. 先进性

CRM 系统涉及种类繁多的信息技术,如数据仓库、网络、多媒体等许多先进的技术。同时,为了实现与客户的全方位交流和互动,要求呼叫中心、销售平台、远端销售、移动设备以及基于网络的电子商务站点的有机结合,这些不同的技术和不同规则的功能模块要结合成统一的客户关系管理系统,需要不同类型的资源和专门的技术支持。

### 2. 综合性

CRM 系统包含了客户合作管理、业务操作管理、数据分析管理、信息技术管理四个子系统,综合了大多数企业的销售、营销、客户服务行为的优化和自动化的要求,运用统一的信息库,开展有效的交流管理和执行支持,使交易处理和流程管理成为综合的业务操作方式。

### 3. 集成性

CRM 系统具备强大的工作流引擎,可以确保各部门、各系统的任务都能够动态协调和无缝连接。因此,CRM 系统与其他企业信息系统的集成,可以最大限度地发挥企业各个系统的组件功能,实现跨系统的商业智能,全面优化企业内部资源,提升企业整体信息化水平。

### 4. 智能化

CRM 系统不仅能够实现销售、营销、客户服务等商业流程的自动化,减少大量的人力、物力,还能为企业的管理者提供各种信息和数据的分析整合,为决策提供强有力的依据。同时,客户关系管理的商业智能对商业流程和数据采取集中管理,大大简化软件的部署、维护和升级工作;基于网络的 CRM 系统,使用户和员工可随时随地地访问企业,减少大量的交易成本。CRM 系统与其他企业管理信息系统集成后,将使商业智能得到更大的发挥,为企业发现新的市场机会、改善产品定价方案、提高客户忠诚度提供支持,从而提高市场占有率。

## 五、CRM 系统的主要作用

### 1. 维护老客户,寻找新客户

研究表明,开发一个新客户付出的成本是维护一个老客户的 5 倍。企业通过建立 CRM 系统能够对客户信息进行收集、整理和分析,实现内部资源共享,有效提高服务水平,保持与老客户的关系。并且,CRM 系统依托于先进的信息平台和数据分析平台,能够帮助企业分析潜在客户群和预测市场发展需求,有助于企业寻找目标客户、及时把握商机和占领更多的市场份额,是企业不断开拓新客户和新市场的重要帮手。

### 2. 避免客户资源过于分散引起的客户流失

很多企业的客户资源是分散积累的，这直接导致客户信息记录不完整、价值不高。同时由于销售人员的流动，客户资源会不断流失。CRM 系统能够帮助企业准确得知客户整体推进状况和存在的问题，从而及时开展业务指导和策略调整，避免客户无故流失。

### 3. 提高客户忠诚度和满意度

CRM 系统可以帮助企业详细地了解客户的资料，促进企业与客户的交流，协调客户服务资源，给客户最及时和最优质的服务。同时，CRM 系统能够帮助企业建立起与客户长久且稳固的互惠互利关系，对提高客户忠诚度和满意度作用明显。

### 4. 降低营销成本

企业通过 CRM 系统，对内能够实现资源共享，优化合作流程；对外能够增加对市场的了解，有效预测市场发展趋势。这不仅能够提高企业运营效率，而且能极大降低运营成本。

### 5. 掌握销售人员的工作状态

移动 CRM 系统能够使企业负责人准确掌握销售人员的位置、工作状态，有利于企业进行绩效考核，提高销售人员的工作效率。

## 任务操作：CRM 系统的开发与实施

开发 CRM 系统的基本步骤应包括以下方面。

步骤一：建立计划。CRM 系统的建立需要与企业实际结合，获得多方面资源的支持。因此在实施前，必须准确把握企业的应用需求，制订一份结合技术方案和企业资源的高级别的业务计划。

步骤二：组建专门团队。从每个拟使用 CRM 系统的部门中抽出得力的代表，组建一支专门团队，这是保证 CRM 系统顺利推进的重要保障。在计划确定后，要及时组建专门团队并进行早期的概念推广和培训。

步骤三：分析客户需求，初建系统。因为建立 CRM 系统的主要目的是提高客户满意度、增加企业效益，因此只有分析客户需求，深入了解不同客户群体的服务要求，找到企业与客户之间的交互作用，才能确保客户档案的经济性和实用性。企业应当根据客户的特性建立不同的客户档案，由此建立初步的 CRM 系统。

步骤四：明确企业应用需求。对客户需求进行了解后，要在此基础上对企业业务流程进行分析、评估和重构，重新建立业务流程。这一过程需要广泛征求员工意见，确保基层员工和管理人员的全面参与，以确保该系统能够实现员工所需要的各种功能。

扩展阅读：
常见的 CRM
系统及其
基本功能

步骤五：确定合适的方案，统筹资源，分段推进。CRM方案的推进不是一蹴而就的，应当以渐进的方式逐步实现，这样企业才可以随时发现问题并充分地理解和解决，也可以根据业务需求随时调整。必须强调的是，要根据需要逐步增加新的功能，这样不仅更有适用性，而且能够避免一次性增加造成的系统上的混乱。

步骤六：培训。为了保障CRM系统的成功应用，使系统的使用人员尽快掌握使用方法，开展及时的培训非常必要。培训对象主要包括企业的管理人员、销售人员和服务人员，内容应该包括使用方法、注意事项和维护要点等。

步骤七：使用、评估和改进。企业通过使用CRM系统，要逐步把系统的优势进行充分发挥。在使用的过程中，企业应当与系统的开发商和供应商一起对系统应用的效度进行评估，从而不断发现问题，对不同模块进行修正，逐步提高其实用性。

# 任务评价

| 班　级 | | 姓　名 | | 日　期 | |
|---|---|---|---|---|---|
| 任务名称 | 客户关系管理系统 | | | | |
| 知识要点 | 1. CRM系统概述；<br>2. CRM系统的功能；<br>3. CRM系统的特点；<br>4. CRM系统的开发和实施 | | | | |
| 实践过程记录 | | | | | |
| 一、学习记录 | | | | | |
| 二、反思改进 | | | | | |
| 评分 | 自评（30%） | 互评（40%） | 师评（30%） | 总成绩 | |
| 成绩 | | | | | |
| 评价人 | | | | | |

# 项目六　运营数据分析

 **知识目标**

1. 理解流量的来源与分类。
2. 理解关键词流量的指标类型。
3. 掌握销售额相关指标的基本内容。
4. 掌握客户分析的相关指标。

 **技能目标**

1. 能够对店铺的流量来源进行分析。
2. 能够描绘店铺的客户画像。
3. 能够掌握店铺动销率的基本计算方法。

 **素质目标**

1. 培养踏实、勤奋、积极、主动、负责的基本素养。
2. 培养保守公司机密、具有良好礼仪、乐于交流沟通、爱岗敬业的基本职业素养。
3. 培养团队协作、计划、组织、决策的管理素养。

 **思维导图**

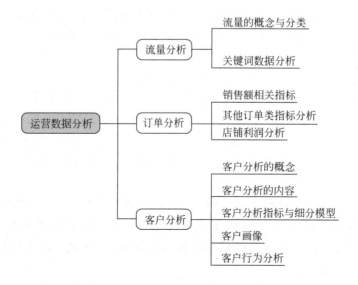

# 任务一　流　量　分　析

## 任务引入

### 一期节目,店铺同款美食销量暴涨三倍

在纪录片《风味人间》上线后不到 24 小时,电商平台上很多店铺便更新了文案,将商品名带上了"风味人间同款"。某电商平台上一家卖秃黄油的商家表示,节目播出之后,店铺的销量暴增了三倍。尤其在制作秃黄油拌饭的镜头播出后,秃黄油瞬间成为网购爆款。在电商平台上输入"秃黄油",搜索页面会出现许多同款产品,并且很多店铺的销量都很好。强大的带货能力是美食类纪录片相比其他垂直类目的优势。随着需求的不断增加,秃黄油的价格也水涨船高,节目播出后有的秃黄油价格涨到了 400 块一瓶,而且没有现货。

(资料来源:搜狐网.被《风味人间》馋到哭:淘宝同款秃黄油销量暴涨三倍,龙须笋跟风上架.https://www.sohu.com/a/273408472_505835.)

**思考**:流量的来源主要有哪些方面?

## 知识准备

### 一、流量的概念与分类

流量是店铺的生存的根本,在电商时代,经常用"流量为王"来形容流量的重要性。店铺的数据分析人员必须要了解店铺的流量来源有哪些。

按照流量是否需要成本,将流量来源分为免费流量和付费流量,两者的区别在于免费流量指通过企业平台内部获取的不花钱流量,比如平台购物车、收藏推荐、自主搜索等,付费流量主要是网店通过参加一些付费活动给店铺引流而获取的流量,如直通车、淘宝客、购物车、达人推荐等。下面以淘宝网店铺为例进行介绍。

#### 1. 免费流量

淘内免费流量就是通过淘宝搜索到的免费流量。淘宝内的免费流量可以源于淘宝 App 里面的无线端活动,在淘宝里面的无线端活动有非常多的端口,如猜你喜欢、淘抢购、天天特价等;也可以从淘宝 App 之外的平台引流到淘宝内部,如新浪微博。如果店铺在新浪微博进行了推广,买家通过新浪微博上的链接或插件进入淘宝店铺,就属于站外流量。

淘宝卖家一般会去各种论坛、阿里社区、生意经里面查看同行的发展情况,并进行分析。店铺进入论坛后产生的流量也属于免费流量。如果卖家在论坛、社区、商圈等发帖并进行回帖,也可以得到很多淘内免费流量,而且这些流量的转化率非常高。

### 2. 付费流量

1）淘宝客

淘宝客是一种按成交计费（CPS）的推广模式，属于效果类的广告推广。淘宝客只要从淘宝客推广专区获取链接，分享到自己的朋友群、QQ群、论坛，任何买家通过链接进入淘宝卖家店铺完成购买后，就可得到由卖家支付的佣金；简单说，淘宝客就是指帮助卖家推广商品并获取佣金的人。

2）直通车

直通车是按点击付费的效果营销工具，为卖家实现商品的精准推广。淘宝直通车通过点击让买家进入店铺，产生一次甚至多次的店铺内跳转流量，这种以点带面的关联效应可以降低整体推广的成本，提高整店的关联营销效果。同时，淘宝直通车还给用户提供了淘宝首页热卖单品活动和各个频道的热卖单品活动，以及不定期的淘宝各类资源整合的直通车用户专享活动。

3）智钻

智钻作为一种付费推广方式，可以根据客户的浏览记录、消费历史，将客户进行人群划分，贴上标签，从而便于投放广告，获取精准流量。智钻具有以下特征。

（1）范围广。钻石展位为卖家提供近200多个淘宝网内最优质展位，每天拥有超过15亿的展现量，还可以帮助卖家把广告投向站外，涵盖大型门户、垂直媒体、视频站、搜索引擎、中小媒体等各类媒体展位。

（2）定向准。卖家可以根据群体（地域和人群）、访客、兴趣点三个维度设置定向展现投放。

（3）实时竞价。可根据商品的销售情况、投放的产出比，实时调整投放计划，并且每项调整实时生效，拥有极高的灵活性，店铺的可调节性也更高。

4）达人推荐

淘宝网的达人推荐是一种流量入口、营销方式，可以给店铺带来更多的流量，所以很多卖家都会找淘宝达人合作。淘宝达人在自己的首页内发表日志或分享，往往会比较详细地描述自己对产品的看法，比较客观，也很容易获得消费者的热烈反响，通过跟随购买。淘宝达人的关注者能直接查看商品信息，决定是否参与。这种方式较为普遍，但成果取决于淘宝达人的主观能动性和自身魅力。

## 二、关键词数据分析

在电子商务平台上，用户通过关键词查找所需的商品而产生的流量往往在店铺整体流量中占据很大的比重。因为搜索即入口，通过优化关键词、投放关键词广告，就能提升产品的曝光机会。下面介绍关键词数据分析的基本方法。

### 1. 关键词推广效果分析指标

1）展现量

展现量就是将自己的商品展现在用户面前，用户通过自己搜索的词与商品设置的关键词进行匹配,无论是否点击,只要展现一次就算一次展现量。

展现量是一个基础参数,如果商品的展现量很少,那么商品的浏览量、点击率和支付转化率也会相应减少。商品的标题、详情页、关键词等,都会影响其展现量,所以做好这些内容的优化显得格外重要。

2)点击量

在商品关键词推广结果展现时,如果用户对网店推广的商品感兴趣,希望进一步了解该商品,会点击访问店铺。一段时间内店铺获得的点击次数称为点击量。

3)点击率

点击率是用户搜索时店铺被点击的百分比,计算公式为

$$点击率=点击量÷展现量$$

一个店铺点击率的多少,体现了这个店铺标题、描述的好坏,体现了店铺的商品对客户是否具有吸引力。

4)点击转化率

点击转化率是指每一笔成交的点击次数,计算公式为

$$点击转化率=成交笔数÷点击量$$

点击转化率反映了推广的流量精准度和承接转化能力。流量精准度即投放计划的平台、地域、关键词、人群定位等和商品、创意表达的匹配程度。承接转化能力则是指商品款式、价格、销量、评价、页面图片质量。

5)投入产出比

投入产出比(ROI)的计算公式为

$$ROI=总成交金额÷广告花费$$

ROI有三个影响因素:转化率、客单价、平均点击花费。要提高店铺的 ROI,就要降低平均点击花费、提高转化率、提高客单价。

6)平均访问时长

平均访问时长是衡量店铺用户体验的一个重要指标,是用户访问店铺的平均停留时间,计算公式为

$$平均访问时长=总访问时长÷访问次数$$

如果用户不喜欢店铺的内容,可能稍微看一眼就关闭网页了,那么平均访问时长就很短;如果用户对店铺的内容很感兴趣,连续看了很多内容,或者在店铺停留了很长时间,平均访问时长就很长。

7)跳出率

(1)跳出率的概念。跳出率是指访客来到店铺后,只访问了一个页面就离开店铺的访问次数占总访问次数的百分比,计算公式为

$$跳出率=只访问一个页面就离开店铺的访问次数÷总访问次数$$

跳出率越低,说明流量质量越好,用户对店铺的内容越感兴趣。因此,要随时关注店铺不同页面的跳失率大小,以便及时发现不正常的数据,从而做出调整。

(2)网店页面跳失率的计算。图 6-1 是某店铺女装网店的数据统计的截图,详细反映了店铺各页面的跳失率。

| | A | B | C | D |
|---|---|---|---|---|
| | 序号 | 页面名称 | 页面类型 | 跳失率 |
| | 1 | http://xxx.taobao.com | 首页 | 50.47% |
| | 2 | http://xxx.taobao.com | 分类页 | 35.23% |
| | 3 | http://xxx.taobao.com | 宝贝页1 | 70% |
| | 4 | http://xxx.taobao.com | 宝贝页2 | 48.22% |
| | 5 | http://xxx.taobao.com | 宝贝页3 | 39.56% |
| | 6 | http://xxx.taobao.com | 宝贝页4 | 49.44% |
| | 7 | http://xxx.taobao.com | 宝贝页5 | 64.83% |
| | 8 | http://xxx.taobao.com | 宝贝页6 | 25.67% |
| | 9 | http://xxx.taobao.com | 自定义页 | 45.22% |
| | 10 | http://xxx.taobao.com | 活动专区 | 50.97% |
| | 11 | http://xxx.taobao.com | 搜索页 | 20.23% |

图 6-1　某店铺数据统计

① 分析首页,首页的跳出率为 50.47%,属于正常水平,不需要花过多精力放在优化首页上。

② 分析分类页,分类页的跳出率为 35.23%,相对于其他数据而言,这个数据是比较低的。分类页的作用是帮助用户通过分类查找商品,店铺中有 35.23% 的用户在分类页离开了店铺,说明他们没有通过分类页找到他们想要的宝贝,因此分类页仍然需要进一步优化。

③ 宝贝页,店铺的"宝贝页 1"跳出率为 70%,则该商品的跳出率最高,说明图片和详情页、评论、价格等需要优化。"宝贝页 5"的跳出率为 64.83%,则该商品的宝贝详情页也需要进一步优化。"宝贝页 2"和"宝贝页 4"的跳出率均在 50% 左右,属于正常水平。"宝贝页 6"的跳出率最低,说明页面展示的效果比较好,其他商品的优化应该仿照"宝贝页 6"进行。

④ 活动专区,活动专区的跳出率为 50.97%。活动专区是用来通过活动吸引消费者购买的,店铺活动对于成交转化起到非常重要的作用,该店铺的活动跳出率比较高,说明很多用户对该店铺的活动不是很感兴趣,店铺应该调整活动内容和海报宣传。

⑤ 搜索页,搜索页的跳出率为 20.23%。搜索页是用户通过自主搜索来寻找想要的商品,这一部分的跳出率比较低,属于较好的水平。

网店各页面的跳失率为多少才算正常水平?这需要根据店铺的规模以及所售商品的类型来衡量。例如,一个红心的小店,全店跳失率为 70% 是很正常的,而皇冠级别的店铺如果首页和宝贝页的跳失率达到 60% 以上,说明店铺的装修、详情页的设计还不够吸引人,需要提高。对商品来说,普通的商品跳失率在 55% 左右是正常水平。

小贴士　**流量统计常用指标的含义**

通俗地说,流量就是指网站的访问量,是用来描述访问一个网站的用户数量以及用户所浏览的网页数量的指标。网站流量统计的主要指标是 PV 值和 UV 值,也就是网站的浏览量和访客数。网站流量统计的常用指标如表 6-1 所示。

表 6-1　网站流量统计的常用指标

| 指 标 名 称 | 指 标 定 义 | 指 标 解 读 |
|---|---|---|
| 浏览量<br>page views（PV） | 一定时间内,店铺各页面被查看的次数 | 反映用户在店铺查看的页面数量,该指标越高,说明店铺页面越受买家喜欢。一个用户多次点击或刷新同一个页面,会被记为多次浏览 |
| 访客数<br>unique visitors（UV） | 一定时间内,全店各页面的访问人数 | 反映一定时间内,如一天内进入店铺的人数,该指标越高,说明店铺用户规模越大。一个用户(以用户ID作为唯一标识)在一天内多次访问被记为一个访客 |
| 平均访问深度 | 访问深度是指用户一次连续访问的店铺页面数(即每次会话浏览的页面数),平均访问深度即用户平均每次连续访问浏览的店铺页面数 | 反映店铺中访客的浏览情况,数值越高,说明该店铺越受欢迎,点击率越高 |
| 页面平均停留时间 | 用户平均浏览店铺单个页面所花费的时间 | 反映页面受欢迎程度、产品的吸引力,停留时间越长越好,通常以秒为单位计量 |
| 人均店内停留时间 | 平均每个用户连续访问店铺的时间(即平均每次会话持续的时间),以客户为基准统计 | 反映用户在店铺停留的时间长短,说明用户对店铺的忠诚度、喜爱度。该指标越高越好,通常以秒为单位计量 |
| 回访客比例 | 回头客占所有访客数的比例 | 反映了回头客在访客数中的比例,是衡量用户忠诚度和黏性的指标 |

## 2. 关键词推广分析流程

直通车平台的报表板块,在直通车报表当中提供了推广所产生的数据信息,如展现量、点击量、花费、点击率、平均点击花费、千次展现花费、直接成交金额等20个指标,可以提供所选时间段内的详细数据下载。

例如,某淘宝网店销售零食坚果类商品,前期由于店铺搜索流量增长过慢,无法实现销售目标,因此开通了直通车推广。经过一个月的推广后,可对推广效果进行分析,重点分析直通车推广转化情况,进而制定下阶段的推广目标,具体流程如下。

1）关键词展现量、点击量分析

对展现量降序排列,制作关键词展现量占比图(见图 6-2),明确各关键词展现量。对曝光较小的关键词进行删减和替换,表明这些词不能为产品带来足够的展现,优化标题,添加高展现词。

对展现量降序排列,制作关键词展现量与点击量柱状图(见图 6-3),观察点击率。

低点击量说明商品主图不够吸引,需优化创意主图。

| 关键词 | 出价 | 展现量 | 点击量 | 点击率 | 花费 | 平均点击花费 | 总成交金额 | 总收藏数 | 总购物车数 | 点击转化率 | 投入产出比 |
|---|---|---|---|---|---|---|---|---|---|---|---|
| 厚切芝士条 | ¥0.10 | 755 | 174 | | | | | | | | |
| 泓一 | ¥0.20 | 1,890 | 82 | | | | | | | | |
| 坚果面包 | ¥0.25 | 760 | 49 | | | | | | | | |
| 泓一芝士条 | ¥0.10 | 235 | 67 | | | | | | | | |
| 泓一食品旗舰店 | ¥0.10 | 1,043 | 116 | | | | | | | | |
| 芝士蛋糕条 | ¥0.10 | 768 | 109 | | | | | | | | |
| 鸭肉干 | ¥0.10 | 795 | 34 | | | | | | | | |
| 坚果面包 | ¥0.20 | 69 | 2 | | | | | | | | |
| 零食 早餐面包 | ¥0.18 | 899 | 124 | | | | | | | | |
| 面包整箱 早餐 | ¥0.25 | 565 | 5 | | | | | | | | |
| 芝士蛋糕包邮 | ¥0.23 | 1,359 | 129 | | | | | | | | |
| 原味花生 | ¥0.10 | 2,379 | 34 | | | | | | | | |
| 多味花生 | ¥0.10 | 1,049 | 16 | | | | | | | | |
| 威化饼干 | ¥0.15 | 78 | 8 | | | | | | | | |
| 南瓜吐司面包 | ¥0.15 | 755 | 17 | | | | | | | | |

图 6-2　关键词展现量

| 关键词 | 出价 | 展现量 | 点击量 | 点击率 |
|---|---|---|---|---|
| 原味花生 | ¥0.10 | 2,379 | 34 | 1.43% |
| 泓一 | ¥0.20 | 1,890 | 82 | 4.34% |
| 芝士蛋糕包邮 | ¥0.23 | 1,359 | 129 | 9.49% |
| 多味花生 | ¥0.10 | 1,049 | 16 | 1.53% |
| 泓一食品旗舰店 | ¥0.10 | 1,043 | 116 | 11.12% |
| 零食 早餐面包 | ¥0.18 | 899 | 124 | 13.79% |
| 鸭肉干 | ¥0.10 | 795 | 34 | 4.28% |
| 芝士蛋糕条 | ¥0.10 | 768 | 109 | 14.19% |
| 坚果面包 | ¥0.25 | 760 | 49 | 6.45% |
| 厚切芝士条 | ¥0.10 | 755 | 174 | 23.05% |
| 南瓜吐司面包 | ¥0.15 | 755 | 17 | 2.25% |
| 面包整箱 早餐 | ¥0.25 | 565 | 5 | 0.89% |
| 泓一芝士条 | ¥0.10 | 235 | 67 | 28.51% |
| 威化饼干 | ¥0.15 | 78 | 8 | 10.26% |
| 坚果面包 | ¥0.20 | 69 | 2 | 2.90% |

图 6-3　关键词展现量与点击量

高点击量说明商品主图吸引人,但是展现低,需优化创意标题,添加高展现关键词,提升展现。

完善产品自定义属性,在自定义属性中增加流量词,增加展现量。

2)收藏转化率、加购转化率、支付转化率分析

导出数据进行收藏转化率、加购转化率、支付转化率分析,如图 6-4 和图 6-5 所示。

通过以上分析可以发现收藏转化最高的关键词是"多味花生";加购转化最高的关键词是"威化饼干";支付转化率最高的关键词是"坚果面包"。

### 3. 七天螺旋模型

1)七天螺旋模型的概念

七天螺旋模型是指在店铺发布新产品的一个上架周期内(通常是七天),如果产品和访问深度成交量表现良好,那么下一个周期内店铺的流量会得到更大的

| 关键词 | 出价 | 展现量 | 点击量 | 点击率 | 收藏转化率 | 加购转化率 | 成交转化率 |
|---|---|---|---|---|---|---|---|
| 厚切芝士条 | ￥0.10 | 755 | 174 | 23.05% | 4.023% | 9.195% | 2.299% |
| 泓一 | ￥0.20 | 1,890 | 82 | 4.34% | 2.439% | 6.098% | 4.878% |
| 坚果面包 | ￥0.10 | 760 | 49 | 6.45% | 0.000% | 6.122% | 6.122% |
| 泓一芝士条 | ￥0.10 | 235 | 67 | 28.51% | 4.478% | 8.955% | 2.985% |
| 泓一食品旗舰店 | ￥0.10 | 1,043 | 116 | 11.12% | 1.724% | 2.586% | 1.724% |
| 芝士蛋糕条 | ￥0.10 | 768 | 109 | 14.19% | 0.000% | 10.092% | 0.917% |
| 鸭肉干 | ￥0.10 | 795 | 34 | 4.28% | 2.941% | 14.706% | 2.941% |
| 坚果面包 | ￥0.20 | 69 | 2 | 2.90% | 0.000% | 0.000% | 50.000% |
| 零食 早餐面包 | ￥0.18 | 899 | 124 | 13.79% | 2.419% | 2.419% | 0.806% |
| 面包整箱 早餐 | ￥0.25 | 565 | 5 | 0.89% | 0.000% | 20.000% | 20.000% |
| 芝士蛋糕包邮 | ￥0.23 | 1,359 | 129 | 9.49% | 2.326% | 6.977% | 1.550% |
| 原味花生 | ￥0.10 | 2,379 | 34 | 1.43% | 5.882% | 8.824% | 5.882% |
| 多味花生 | ￥0.10 | 1,049 | 16 | 1.53% | 6.250% | 2.419% | 6.250% |
| 威化饼干 | ￥0.15 | 78 | 8 | 10.26% | 0.000% | 25.000% | 25.000% |
| 南瓜吐司面包 | ￥0.15 | 755 | 17 | 2.25% | 0.000% | 0.000% | 5.882% |

图 6-4  收藏转化率、加购转化率、支付转化率分析

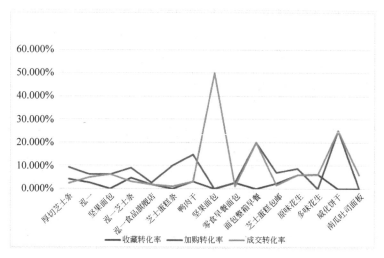

图 6-5  转化率统计

增长。

发布一个新商品后,淘宝系统会给这个新上线的商品扶植流量,目的是让新商品也有被展示的机会,同时借此考察此新商品的欢迎度。

如果买家在店铺里面停留时间长,访问深度较好(甚至访问了店铺其他商品),同时转换率(流量转换为成交率)也很好,此时淘宝就会认为此商品是受欢迎的。相反,如果买家只是简单地看了看,马上就关闭了,也没成交,这个时候就相当于买家认为此商品没有什么浏览价值,淘宝通过监测买家的这个行为,也会认为此商品是没有价值的。这样一周下来,淘宝就可以判断出这个商品是不是受欢迎,是不是买家所喜欢和需求的。如果这个新商品的转化率、访问深度较好,那么淘宝下一周会给予这个新商品更多的流量。若再过一周仍然表现良好,便会继续获得更多的流量,这就是一个所谓的七天螺旋模型。

2)七天螺旋模型的操作方法

第一天:店铺需要将商品的链接分享到朋友圈、微信群、QQ 等免费渠道,同时

课堂笔记

邀请自己的朋友(30 个左右)点击,帮助店铺形成访客,然后使用全标题、半标题找到商品,下单购买,发真实的包裹,引导买家晒图好评。

第二天：在前一天的基础上递增,首先用半标题搜索,再用全标题搜索。假如访客数量不够,店铺可以适当补 10 个左右的访客,切记不可以超过这个访客数量。

第三天：继续操作递增,直到店铺商品销量已经达到 12 个左右,并且有评价和晒图显示,然后通过关键词查看是否可以找到该商品,假如没有,利用半标题或者全标题搜索。

第四天：操作可以给商品带来访客的关键词,使用插件或后台查询。

第五天：操作长尾关键词,如让买家一次性购买 8 个或 15 个商品,在短时间内,店铺需要做好长尾词的权重。

第六天：等店铺的长尾关键词有权重之后,大词就会慢慢浮现出来,此时店铺就要开始操作大词递增了,递增的数量可以参考竞品的销量。

第七天：等待店铺的大词和长尾词的权重激发出来后,随着商品的真实成交量加大,店铺的流量就可以井喷式增长了。

## 任务操作：流量来源的分析方法

步骤一：选择流量来源、浏览量、点击量和成交订单数对应的数值区域,插入图形,如图 6-6 所示。

| 流量来源 | 浏览量 | 点击量 | 成交订单数 |
|---|---|---|---|
| 自主搜索 | 2154 | 363 | 153 |
| 购物车 | 3026 | 521 | 201 |
| 其他店铺 | 1565 | 153 | 65 |
| 首页 | 1966 | 272 | 93 |
| 收藏推荐 | 932 | 158 | 42 |
| 免费其他 | 2481 | 221 | 139 |

图 6-6　插入图形

步骤二：根据数据可视化的需要,选择合适的图形。首先插入组合图形,然后将浏览量设置为簇状柱形图,将点击量和成交订单数设置为折线图。将浏览量设置为簇状柱形图是为了更好地对各个流量来源的浏览量进行比较,将点击量和成交订单数设置为折线图,是为了更清楚地看到这两个指标的变化趋势。最后,将浏览量设置为次坐标轴。

步骤三：选中数据表中的流量来源与成交订单数,插入饼状图,并将饼状图的数值显示方式设置为“百分比”,得到免费流量结构分析图。

步骤四：根据免费流量结构分析图,可以进行流量来源分析。

**课堂笔记**

# 任务评价

| 班 级 | | 姓 名 | | 日 期 | |
|---|---|---|---|---|---|
| 任务名称 | 流量分析 | | | | |
| 知识要点 | 1. 流量的概念与分类；<br>2. 流量的分析方法；<br>3. 关键词数据分析；<br>4. 七天螺旋模型 | | | | |
| 实践过程记录 | | | | | |
| 一、学习记录 | | | | | |
| 二、反思改进 | | | | | |
| 评分 | 自评(30%) | 互评(40%) | 师评(30%) | 总成绩 | |
| 成绩 | | | | | |
| 评价人 | | | | | |

# 任务二　订　单　分　析

# 任务引入

## 通过广告促进产品销售

  2020 年,某品牌蛋黄酥推出了"喊妈时刻""妈妈的避难所""妈妈该有的样子"等蛋黄酥母亲节系列创意短片。这些短片并不是情节有多么与众不同,而是以生活中平凡的温暖,打动了消费者柔软的内心。2021 年的母亲节,某品牌另辟蹊径地融合

"盲盒"的玩法,推出母亲节限时"忙"盒,并发起"中国妈妈去行动"主题活动,同时为契合主题,与知名脱口秀演员及其妈妈携手拍摄了一则暖心的短片,通过"灵魂互换"的形式演绎体验新鲜生活,从妈妈的角度出发,缓缓向妈妈们道来——走出柴米油盐,还有很多精彩的角色值得她们去体验。通过这些广告,该品牌的产品销量得到了大幅提升。

好广告的作用不只是传达信息,而是能以爱的力量,直击大众的心灵。简单来说,广告卖的不是产品,而是洞察人性的故事。

**思考:** 如何通过广告提高产品的销量?

# 知识准备

## 一、销售额相关指标

### 1. 销售额

销售额的计算公式为

$$销售额＝访客数×转化率×客单价$$

由公式可以看出,想要提升销售额,要重点关注访客数、转化率、客单价三个数据,三者直接关系着店铺销售额的多少。

### 2. 访客数

访客数(UV)就是独立访客数,是指不同的、通过网络访问和浏览网页的自然人数量。

访客数是入店的访问次数,即以一个 IP 为访问的人数。若这个访客看到商品不错,有兴趣,从而浏览、刷新页面,或者点击页面内的其他链接,每次刷新或点击就会产生一次浏览量,这就是访客数与流量的关系。

### 3. 转化率

1)转化率的概念

转化率是指所有到达网店并产生购买行为的人数占所有访客人数的比率。店铺想要有销量,就必须让进店的访客下单购买,转化率是衡量店铺运营情况的重要指标,其公式为

$$转化率＝购买人数÷访客人数×100\%$$

例如,某店铺 24 小时内有 10000 人访问,其中有 100 个访客选择了购买该店铺的商品,那么店铺的成交转化率为 $100÷10000×100\%＝1\%$

2)影响转化率的因素

(1)标题。想要写好标题,就要抓住主要标题,主要标题表达的是客户的核心需要,是客户最想要搜索的商品。要使标题在商品的款式、颜色、版式上的文字表达形式贴合客户的搜索浏览习惯,来抓住潜在客户的需求。描述要符合商品真实情况,如果标题和商品不符,系统不知道该推送至什么范围,即使引来流量也不会形成转

化,造成店铺转化率过低,丢失大部分客流量。长此以往,系统会判定商品没有利润价值,流量自然越来越少,更谈不上提高转化率。

(2)详情页。好的详情页可以让买家停留时间更长,浏览时间更长,转化率提升也就更快,详情页要清晰、简单、明了。一些中小卖家不在乎排版,觉得有问题直接联系客服人员就可以了,所以在详情页不需要做过多阐述。其实很多买家在没有确认购买前不会轻易点开旺旺联系客服人员,通常五张详细页面图片就可以决定买家是否购买。一定要把有用的信息放在详情页上方,如尺码表、产品细节图、卖点、对比图,方便买家第一时间了解产品优势,做出选择。

商品详情页不要展示过多营销、阐述性图片,也不要长时间下拉才能看到商品的描述。对买家来说,这都是浪费时间。打开商品详情页,是为了解商品本身,而不是一些没用的图片,要分清主次。

(3)商品价格。商品价格是商品价值的货币表现,一般来说商品价格要根据商品质量、市场概况和供求程度来确定。买家会习惯性地查找相关竞品进行比价分析,这时候价格就是一个转化率至关重要的影响因素。定价过高会减少转化率,但单笔的利润会得到提升,定价过低销量会增加,但单笔的利润会相应降低,根据这一情况可以把商品分为高定款、平价款和走量款。

(4)目标人群。店铺目标人群不精准,引流来的浏览者就不精准。系统综合买家购买单个类目的平均消费记录,根据记录挑选合适的商品展现出来,消费人群的消费层级和店铺相匹配。习惯购买高端商品的买家不会在乎价格,他们要求的是品质。习惯购买低端商品的买家在乎的是价格。所以,一定要根据目标人群去做引流。

(5)营销活动。营销活动是促进转化的一个非常重要的刺激点,设置各种有吸引力的优惠活动以及有效地将这些信息传达给用户非常重要。

在活动设置方面,常用的就是优惠券、减价、打折、包邮,还有一些付定金、预售等,要提高吸引力,就要做好竞品分析,了解竞争对手的活动情况,再适时进行调整。

活动传达一般通过在线客服和短信两种方式,短信是传达率和时效性最好的一种方式。在发送短信时,建议选择一款自动发送的辅助软件,可以实现购物车营销、催付、催评等效果,另外最好能够进行发货提醒、物流提醒、确认收货提醒等。在发送营销活动短信的同时,应做好全程的客户关怀,这样效果会更好。

(6)评价和服务。评价是商品在出售完成后,买家对商品进行的打分、晒图、追评等反馈,服务则是售前、售中、售后和物流服务的相关接待。想要提高转化率,一定要尽量降低差评数量,这就需要客服人员和用户进行有效的沟通,满足用户的需求,随时进行协商,客服人员的专业水准和服务态度在很大程度上会影响用户的购买率和回购率。

(7)店铺/品牌。时刻关注 DRS 评分,根据评分调整营销策略;除某些特殊品类,产品 SKU 要丰富;提供优质服务,如运费险、七天退换,增加购买保障,同时注意品牌的正面宣传,提高品牌覆盖范围。

(8)竞品。可以从竞品的价格、描述介绍、亮点分析等方面入手对自己的产品做一定的调整,挖掘产品的卖点,设置一个相对有竞争力的价格,让产品保持一定的竞争力。

3）转化率的分类

（1）静默转化率。静默转化率是指所有浏览店铺商品而没有静默完成下单的人数占总人数的比例。静默转化率考察的是店铺的整体水平，包括商品描述、店铺装修、商品图片、商品说明等内容。

如果访客进入店铺中，店铺整体情况较好，访客能够通过页面的商品展示打消购买中的疑虑，选择自主下单，可以帮助网店节约人力资源，避免客服人员回答较多相似的问题，减轻了工作的重复性劳动。

（2）咨询转化率。咨询转化率又称询单转化率，是指客户通过网店沟通平台向商家进行咨询的人数中下单的比率，即下单的买家数与咨询过的买家数的比例。这就好像是客户进入实体店铺中，如果没有导购热情地介绍商品，就很有可能不会下单购买。在网店中也是如此，客户如果联系客服，说明他对商品是感兴趣的，此时客服如果能够成功消除客户心中的疑虑，就有助于交易的达成。因此，想要提高店铺的咨询转化率，客服人员的态度是关键。

4）转化率的计算方法

图 6-7 是某玩具店 2023 年 11 月系列玩具的销售数据，选择 A、G、H、I 列，插入柱状图，如图 6-8 所示。

| A | B | C | D | E | F | G | H | I |
|---|---|---|---|---|---|---|---|---|
| 商品名称 | 访客数 | 商品浏览量 | 支付金额 | 支付件数 | 支付买家数 | 支付转化率 | 静默转化率 | 咨询转化率 |
| 玩具A | 653 | 1,699 | 1,918.12 | 59 | 26 | 3.98% | 1.98% | 2.00% |
| 玩具B | 1,087 | 2,343 | 3,672.88 | 175 | 83 | 7.64% | 3.44% | 4.20% |
| 玩具C | 2,832 | 5,970 | 8,961.44 | 217 | 109 | 3.85% | 0.98% | 2.87% |
| 玩具D | 640 | 1,958 | 4,745.34 | 84 | 58 | 9.06% | 7.98% | 1.08% |
| 玩具E | 1,324 | 2,874 | 3,507.90 | 159 | 81 | 6.12% | 2.77% | 3.35% |
| 玩具F | 1,102 | 3,016 | 3,065.22 | 55 | 45 | 4.08% | 1.02% | 3.06% |
| 玩具G | 859 | 2,577 | 5,178.55 | 119 | 71 | 8.27% | 7.23% | 1.04% |
| 玩具H | 886 | 2,256 | 3,299.83 | 155 | 71 | 8.01% | 1.99% | 6.02% |
| 玩具I | 463 | 1,203 | 2,321.96 | 42 | 32 | 6.91% | 2.01% | 4.90% |

图 6-7　销售数据

通过图 6-8 可以发现，玩具 D、玩具 G 两个商品的静默转化率较高，说明这两个商品的前期评价、商品详情页的优化较好，而玩具 F、玩具 H、玩具 I 三个商品的咨询转化率较高，说明这三个商品的成交主要是通过客服咨询，因此这三个商品要进行内页的进一步优化，可以将常见的问题列举出来，在详情页中进行标注。这样一来，可以统一解答常见的消费者的问题，提高工作效率，提高静默购买率。

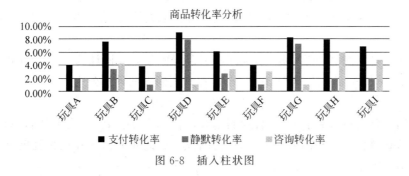

图 6-8　插入柱状图

课堂笔记

#### 4．客单价

1）客单价的概念

客单价是每个客户平均购买商品的金额，即平均交易金额，其计算公式为

客单价＝商品平均单价×每个客户平均购买商品个数

2）影响客单价的因素

在网店的经营过程中，影响店铺客单价的因素有很多，如店铺的装修情况、商品详情页设计、活动促销、库存情况、客服水平、关联推荐、商品价格、品牌知名度、平台定位、竞争对手等。

扩展阅读：
提高客单
价的方法

## 二、其他订单类指标分析

### 1．退款率

店铺的退款率能间接反映店铺的产品质量、服务态度、产品款式的受欢迎程度等。对商家来说，需要时刻关注店铺的退款率是否高于行业的退款率，如果高于行业的退款率，就要及时进行调整。退款率的计算公式为

退款率＝最近30天成功退款订单笔数÷最近30天支付成功交易笔数

### 2．动销率

动销率是店铺中有销量的商品与全店所有商品的比值。与动销率相对应的是滞销率，滞销率是滞销的商品与全店所有商品的比值。根据淘宝的定义，如果一个商品在90天内没有点击，没有销量，也没有编辑，那么这个商品就会成为滞销商品。对店铺而言，动销率最好在80％以上，如果动销率降到了50％以下，那么店铺就会被淘宝判定为不活跃店铺，接着就会被降权、限流。

微课：网店
运营资金
分析

## 三、店铺利润分析

### 1．利润与利润率的概念

利润是指店铺的盈利，是销售收入与成本的差额，店铺参加活动或推广中的成本都需要考虑。从整体分析，在店铺的总成本变化不大的情况下，利润与成交量和成交均价相关。

利润率是指利润的转化形式，是同一剩余价值量的不同计算方法。如果用 $P'$ 代表利润率，K 代表商品成本，W 代表收入，那么利润率的计算公式为

$$P' = (W - K) \div K \times 100\%$$

利润率分为成本利润率、销售利润率和产值利润率。其中，成本利润率越高，说明店铺为获得相应的利润需要付出的代价越小，因此卖家需要在最大程度上提升成本利润率。

### 2. 影响店铺利润的因素

1）固定成本

固定成本又称固定费用,是指成本总额在一定时期和一定业务量范围内,不受业务量增减变动影响或影响不大的部分。针对淘宝网店而言,固定成本主要包括场地租金、员工工资、网络信息费以及相关的设备折旧。设备折旧的成本属于固定成本中最基础的成本之一,尽量降低人为损伤率能在一定程度上降低设备的折旧费用。

2）商品成本

商品成本是网店成本中最基础的部分,在店铺运营过程中,要合理地对商品成本进行核算。

商品成本包括隐性成本和显性成本,其中显性成本是指记入账内的、看得见的实际支出,如进货价格、邮费等。隐性成本是相对于显性成本来说的,有些费用隐蔽性比较大,难以避免,而且不容易量化,如网店老板自己的工资积压的库存等。在计算成本的过程当中,将隐性成本和显性成本相加,就可得到商品成本。

3）推广成本

在店铺运营过程当中,推广费用是必不可少的一项成本支出。在网店运营中,推广可以使店铺获得更多的流量和订单。淘宝网店常见的推广方式有直通车、智钻、淘宝客、达人推荐等。卖家需要对各种渠道的推广数据进行分析,找到对店铺来说最有效的推广方式,使推广既能够给店铺带来销量,又能够节约成本。

## 任务操作：退款率的分析方法

对已经产生的退款,应当将退款的原因进行统计,然后进行数据分析,总结教训,争取减少店铺以后的退款率。进行退款率分析要用到如图 6-9 所示的退款数据分析表,具体方法如下。

| 用户ID | 收货地 | 售后原因 | 退（换）货 |
|---|---|---|---|
| 用户1 | 广东省 | 协商一致退款 | 100% |
| 用户2 | 福建省 | 商品质量问题 | 100% |
| 用户3 | 辽宁省 | 商品质量问题 | 100% |
| 用户4 | 四川 | 商品质量问题 | 100% |
| 用户5 | 山东省 | 不想要了 | 100% |
| 用户6 | 黑龙江省 | 不想要了 | 100% |
| 用户7 | 天津 | 不想要了 | 100% |
| 用户8 | 北京 | 协商一致退款 | 100% |
| 用户9 | 甘肃省 | 不想要了 | 0 |
| 用户10 | 陕西省 | 不想要了 | 100% |
| 用户11 | 湖南省 | 商品质量问题 | 100% |
| 用户12 | 江西省 | 商品质量问题 | 100% |
| 用户13 | 江苏省 | 不想要了 | 100% |
| 用户14 | 吉林省 | 不想要了 | 100% |
| 用户15 | 山西省 | 不想要了 | 100% |
| 用户16 | 湖北省 | 不想要了 | 100% |
| 用户17 | 安徽省 | 不想要了 | 0 |
| 用户18 | 浙江省 | 缺货 | 100% |
| 用户19 | 上海 | 七天无理由退货 | 100% |
| 用户20 | 河南省 | 七天无理由退货 | 100% |
| 用户21 | 浙江省 | 七天无理由退货 | 100% |
| 用户22 | 福建省 | 七天无理由退货 | 100% |
| 用户23 | 江苏省 | 七天无理由退货 | 100% |

图 6-9　退款数据分析表

步骤一：单击"数据源"报表，可显示出每一次的退款数据。

步骤二：选择"售后原因"列，将售后原因在"行"和"值"分别设置一次，得到数据透视表，并选中任意数字，单击鼠标右键，选中"值的显示方式"→"总计的百分比"，得到图 6-10。

| 售后原因 ▼ | 计数项:售后原因 |
|---|---|
| 不想要了 | 8.60% |
| 七天无理由退货 | 34.41% |
| 缺货 | 18.28% |
| 商品质量问题 | 12.90% |
| 少发/漏发 | 11.83% |
| 协商一致退款 | 13.98% |
| (空白) | 0.00% |
| 总计 | 100.00% |

图 6-10　数据透视表

步骤三：插入数据透视图，选择饼状图，并设置标签在外，图例在右，可得到退款原因饼状图，如图 6-11 所示。

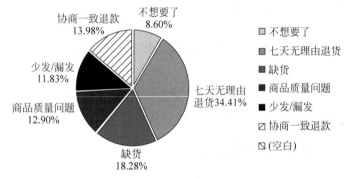

图 6-11　退款原因饼状图

步骤四：分析图表。观察退款原因饼状图，发现"七天无理由退货"占 34.41%；"商品错发/漏发"的问题占 11.83%，比例相对较高，这属于仓库的问题，可能是不认真工作，没有仔细为客户发货，因此要改进仓库的工作状态；"不想要了"占 8.6%，要加强售后服务的培训；"商品质量问题"占 12.9%，应当考虑是不是供货商存在问题，是否要调整进货渠道。总之，要具体问题具体分析，把引起退款的每个部分都降至最小。

## 任务评价

| 班　　级 | | 姓　　名 | | 日　　期 | |
|---|---|---|---|---|---|
| 任务名称 | 订单分析 | | | | |
| 知识要点 | 1. 销售额相关指标；<br>2. 动销率的计算；<br>3. 退款率的计算 | | | | |

续表

| 实践过程记录 | | | | | |
|---|---|---|---|---|---|
| 一、学习记录 | | | | | |
| 二、反思改进 | | | | | |
| 评分 | 自评(30%) | 互评(40%) | 师评(30%) | 总成绩 | |
| 成绩 | | | | | |
| 评价人 | | | | | |

# 任务三　客户分析

## 任务引入

### 罗布的成功密码

收集大量的客户信息后,成败关键在于利用这些信息针对个体客户量身定制服务政策。

罗布是迪克超市的高级营销副总裁,当他的顾客来商场采购时,他十分了解这些顾客想要买些什么。这一点连同超市所提供的优质服务的良好声誉,是迪克超市对付低价位竞争对手的主要手段。迪克超市采用数据工具,对扫描设备里的数据加以梳理,预测顾客什么时候会再次购买某些特定产品。接下来,该系统就会"恰如其时"地推出特惠价格。

在迪克超市每周消费 25 美元以上的顾客每隔一周就会收到一份订制的购物清单。这张清单是由顾客以往的采购记录及厂家所提供的商品现价、交易政策或折扣共同派生出来的。顾客购物时可随身携带此清单,也可以将其放在家中。当顾客到收银台结账时,收银员就会扫描一下印有条形码的购物清单或者顾客常用的优惠俱乐部会员卡。无论哪种方式,购物单上的任何特价商品都会被自动予以兑现,而且这位顾客在该店的购物记录会被刷新,生成下一份购物清单。

迪克超市依靠顾客特定信息,跨越一系列商品种类把订制的促销品瞄准各类最有价值的顾客。迪克超市的成功源于建立一个精准的客户画像。在电子商务高度发展的今天,企业更需要对客户进行精准分析,以便更好地把握市场。

(资料来源:客人投诉案例分析以及商场经典客诉案例分析. https://m. sghtjs. com/X/30265. html. )

**思考**:如何对自己的店铺客户进行精准分析?

# 知识准备

## 一、客户分析的概念

客户分析就是通过客户的相关数据分析客户的相关特征,评估客户的价值,以便企业制定相应的市场战略和营销策略,做到精准性营销。对电子商务企业来说,要通过客户分析了解不同的客户有什么需求,分析企业定位与客户特征之间的关系,帮助企业针对性地开展促销活动,同时可以发现潜在客户,从而扩大企业的市场份额。企业可以通过以下方面,对客户进行分析。

(1)个性化需求。现代客户的个性化需求越来越多,企业要精准地分析客户的个性化需求,开发并优化相应的产品。同时,要分析和鉴别哪些个性化需求对企业效益的增长有直接影响,并快速做出正确的决策,提高企业的市场灵敏性。

(2)客户行为。通过对客户行为的分析,能够细化每一个客户的购物行为节点和店内的浏览路径,帮助企业观察和分析企业能优化的环节是什么,使网店的运营更加科学化、数据化。

(3)客户分析系统。利用客户分析系统,企业不再仅依靠经验来推测,而是利用科学的手段和方法,收集、分析和利用各种客户信息,轻松地获得有价值的信息。如企业的哪些产品最受欢迎,原因是什么,有什么回头客,哪些客户是最赚钱的客户,售后服务有哪些问题等。客户分析将帮助 企业充分利用其客户关系资源,在新经济时代从容自由地面对客户。

## 二、客户分析的内容

### 1. 客户基本信息分析

客户基本信息主要包括姓名、性别、年龄、联系方式、地址、职业、客户编号等静态信息,企业可以根据自身需求添加自定义字段,在开发和维护的过程中不断完善客户资料。分析客户基本信息,可以让企业形成对客户的基本认识,有利于日后的客户关系维护。

### 2. 客户特征分析

(1)客户行为习惯分析。根据客户购买记录识别客户的价值,主要用于根据价值对客户进行分类。

（2）客户产品意见分析。根据不同的客户对各种产品所提出的各种意见，以及在各种新产品或服务推出时的不同态度来确定客户对新事物的接受程度。

### 3. 客户忠诚分析

客户忠诚是基于对企业的信任度、来往频率、服务效果、满意程度以及继续接受同一企业服务可能性的综合评估值，可根据具体指标进行量化。保持老客户比寻求新客户更具经济性，保持与客户之间的不断沟通、长期联系，维持和增强消费者的情感纽带，是企业间新的竞争手段，而且巩固客户忠诚的竞争具有隐蔽性，竞争者看不到任何策略变化。

### 4. 客户注意力分析

（1）客户意见分析。根据客户提出的意见类型、意见产品、日期、发生和解决问题的时间、销售代表和区域等指标来识别与分析一定时期内的客户意见，并指出哪些问题能够成功解决，哪些问题不能解决，分析原因。

（2）客户咨询分析。根据客户咨询产品、服务和受理咨询的部门，以及发生和解决咨询的时间来分析一定时期内的客户咨询活动，并且跟踪这些建议的执行情况。

（3）客户接触评价。根据企业部门、产品、时间段来评价一定时期内各个部门主动接触客户的数量，并了解客户是否定期收到企业的多种信息。

（4）客户满意度分析与评价。根据产品、区域来识别一定时期内感到满意的客户和感到不满意的客户，并描述这些客户的特征。

### 5. 客户营销分析

为了对潜在的趋势和销售数据模型有比较清楚的理解，需要对整个营销过程有一个全面的观察。

### 6. 客户流失分析

无论是什么类型的企业，开发一个新客户的成本都要远远大于维护一个老客户的成本，所以，维护老客户变得越来越重要。为了防止老客户流失，企业必须对客户进行流失分析与预测，并及时制定解决方案。对新客户的流失和老顾客的流失都可以形成数据报表，了解客户是在哪个环节流失的，其流失的原因是什么，从而安排相关部门进行针对性的调整，形成预防措施。

## 三、客户分析指标与细分模型

### 1. 客户分析指标

1）新客户数

新客户数是指首次访问的用户数量，可以用来计算新客户比例，以及用于分析店铺营销推广的效果。新客户是店铺发展的动力。

由新客户数可延伸出一个指标——新客户比例。新客户比例是指新客户在全部客户中的占比,其计算公式为

$$新客户比例 = (新客户数 \div 客户总数) \times 100\%$$

2) 活跃客户数

活跃客户数是指经常光顾店铺,并为店铺带来价值的用户数量。活跃客户数减少意味着流失客户增加,店铺经营将变得困难。由活跃客户数可延伸出一个指标——活跃客户率,其计算公式为

$$活跃客户率 = (活跃客户数 \div 客户总数) \times 100\%$$

3) 复购客户数

复购客户数是指购买次数大于1的客户数,这类客户黏度高,忠诚度高,是能够为店铺带来价值的重要群体,也是一家店铺生存的基础。由复购客户数可延伸出一个指标——复购客户率,其计算公式为

$$客户复购率 = (购买次数大于1的客户数 \div 有购买行为的客户总数) \times 100\%$$

4) 流失客户数

流失客户数是指曾经光顾店铺,但之后一段时间未访问店铺的客户数量。对电商企业而言,通常将三个月或者半年以上未购买的客户称为流失客户。由流失客户数可延伸出一个指标——客户流失率,它反映店铺对客户的吸引力,计算公式为

$$客户流失率 = (流失客户数 \div 客户总数) \times 100\%$$

如果新客户比例大于客户流失率,说明店铺处于发展阶段。

如果新客户比例等于客户流失率,说明店铺处于成熟稳定阶段。

如果新客户比例小于客户流失率,说明店铺处于下滑衰退阶段。

### 2. 客户细分模型

RFM分析是客户关系分析中一种简单实用的客户分析模型,它将最近一次消费、消费频率、消费金额这三个要素作为数据分析的指标,衡量客户价值和客户创利能力。RFM分析也就是通过这个三个指标对客户进行观察和分类,针对不同特征的客户制定相应的营销策略。

(1) R——最后交易距离当前天数(recency):R值越大,客户交易日期越早,反之则表示客户交易发生的日期越近。R值越大,则此客户沉睡时间越长,流失可能性越大。

(2) F——累计交易次数(frequency):F值越大,表示客户交易越频繁,反之则表示客户交易不够活跃。F值越大,则客户黏性越强,忠诚度越高;F值越小,则客户黏性越弱,关系越松散,随时具有被竞争对手抢走的风险。

(3) M——累计交易金额(monetary):M值越大,交易金额越大,表示更能提升销售业绩。M值越大,表示客户价值越高,反之则表示客户价值越低。

通过这三个指标,可以产生八种不同的客户类型,如图 6-12 所示。

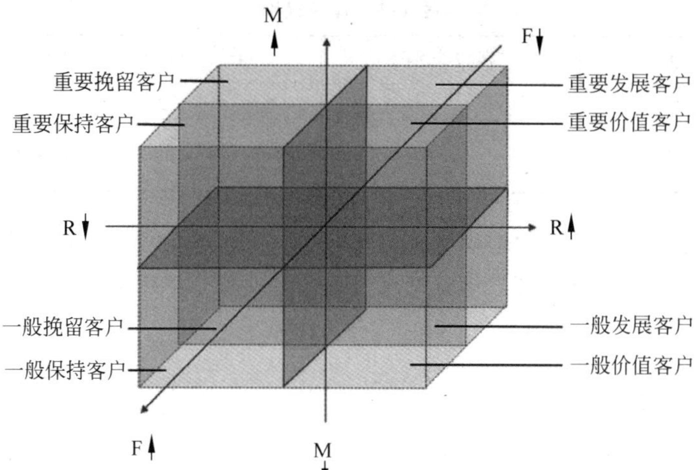

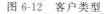

图 6-12　客户类型

(1) 重要价值客户:复购率高、购买频次高、交易金额大的客户,是价值最大的用户。

(2) 重要保持客户:买得多、买得贵,但是不常买的客户,要重点保持。

(3) 重要发展客户:单次交易金额大,但是购买频次不多的客户,要重点发展,促使其多购买。

(4) 重要挽留客户:愿意花钱但是不常买,购买频次不多的客户,要重点挽留。

(5) 一般价值客户:复购率高、购买频次高,但是花费金额小的客户,属于一般价值的客户。

(6) 一般保持客户:买得多但是不常买、花钱不多的客户。

(7) 一般发展客户:经常买,但是买得不多、花钱也不多的客户。

(8) 一般挽留客户:不愿花钱、不常买、购买频次不高,是最没有价值的客户。

在实际应用中,企业可以对 R、F、M 三个指标设定评分标准,并赋以权重,如表 6-2 所示。

表 6-2　RMF 评分标准

| 分数 | R | M/元 | F/次 |
|---|---|---|---|
| 5 | ≤1 个月 | >10000 | ≥5 |
| 4 | 1~3 个月 | 5001~10000 | 4 |
| 3 | 3~6 个月 | 2001~5000 | 3 |
| 2 | 6 个月~1 年 | 1001~2000 | 2 |
| 1 | 1 年以上 | ≤1000 | ≤1 |

经过计算,可以将不同 RFM 分值的客户列为不同客户级别,如表 6-3 所示。

表 6-3　客户级别

| RFM 分值 | 客户级别 | RFM 分值 | 客户级别 |
| --- | --- | --- | --- |
| 80～100 | VVVVVIP | 20～40 | VVIP |
| 60～80 | VVVVIP | 1～20 | VIP |
| 40～60 | VVVIP | | |

客户细分不仅能够有效地识别关键客户群体,而且能够帮助店铺更深层次地了解客户行为和偏好。利用客户细分结果,店铺可以制定差异化的客户管理和营销策略,实现店铺与客户的双赢。

# 四、客户画像

## 1. 客户画像的概念

客户画像就是商家用一个或者多个维度来对客户进行描述的过程。客户画像作为一种勾画目标用户、联系用户诉求与设计方向的有效工具,在各领域得到了广泛的应用。

客户画像可以使产品的服务对象更加明确。企业经营中经常出现这样一种现象:一个期望目标用户能涵盖所有人的产品通常会走向消亡,因为每个产品都是为特定目标群体的共同标准而服务的,目标群体的基数越大,这个标准就越低。换言之,如果这个产品是适合每一个人的,那么其实它是为最低的标准服务的,这样的产品要么毫无特色,要么过于简陋。电商企业虽然不能像实体店一样通过面对面的交易得到客户画像,但是比较容易获取客户消费数据和属性特征,在各种客户数据的技术上,企业就可以将自己的客户画像精准地描述出来了。

## 2. 客户画像的目的

1)精准营销

精准营销就是解决什么时间(when)把什么内容(what)发送给谁(who)的问题,这需要依靠客户画像技术。电商平台通常基于客户浏览、点击、咨询、关注、加入购物车等一系列行为为客户打上多维度标签,然后以邮件、短信、站内信等方式将适合的信息发送给客户。

卖家通常会遇到以下场景。

(1)客户想买的商品刚好没货,客户设置了到货提醒,在提醒到货的时候该如何推送?

(2)客户浏览了某类目的商品,却迟迟没有购买,为了促成购买,该如何推送?

要解决这些场景,均可以借助客户画像技术:根据客户用平时购买的品类、使用代金券的情况、购物车的商品分析客户的性格,通过是否价格敏感、是否理性消费等标签进行推送;在提醒到货的时候,加上通过浏览、跳出、收藏、加入购物车等行为组合分析得到的推荐商品。适当的推送不仅会让客户产生点击和交易,也会因为帮助客户节省时间,获得更优的购物体验,从而使客户增加好感并产生依赖。

2)用户统计

用户统计就是根据大量的客户行为数据,进行行业或人群现象的描述。例如,通过购买口罩、空气净化器等类目的订单表和用户表可以得到不同客户的雾霾防范指数。其中,京东指数和阿里指数就是基于大量的数据而生成的洞察统计类产品,这些数据包括用户信息、行为数据、媒体标签、合作数据等,可以帮助品牌、店铺更准确地了解自己产品的受众人群,明确在行业中的竞争关系和优劣势。

3)数据挖掘

根据客户画像可以挖掘出一些有用的规律,帮助卖家进行决策。数据挖掘就是通过属性筛选、聚类算法、关联分析、回归算法等方法,发现人群与人群、人群与商品、商品与商品、商品与品牌之间的差异与联系,从而发现并挖掘更大的商机。数据挖掘往往能解决"喜欢什么东西的人往往还会喜欢什么""做了这件事的人往往还会做什么"。例如,京东、淘宝网在妇女节时不仅对女性类目的商品开展活动,还会附带对男性商品开展促销或者组合活动,男性商品跟女性节日看起来没有什么关系,却因妇女经常为家中男性购买商品,使这两个商品的结合产生了更大的效益。

另外,数据挖掘还可以为客户进行恰当的推荐,也就是京东、淘宝网首页上能看到的"为你推荐""有好货"等推荐栏目,这些栏目会根据客户画像为客户定制推荐相关的商品、商铺和文章。

4)效果评估,分析高质量用户

客户画像的另一重要作用就是分析某类目、商店或者品牌的用户群体特征,找出高质量客户,然后更有目标和效果地进行广告精准投放,从而让真正对该品类有兴趣的客户产生更多的点击和交易。

5)优化搜索和其他产品

客户画像提供统一数据服务接口供搜索、人工智能等其他产品调用,可用于提高与客户的沟通效果,优化客户体验。比如提供给推荐搜索调用,针对不同客户属性特征、性格特点或行为习惯,在其搜索或点击时展示符合该客户特点和偏好的商品,给客户以友好舒适的购买体验,很大程度上提高客户的购买转化率,甚至促进重复购买,对提高客户忠诚度和客户黏性有很大帮助。

## 3. 客户画像的常见维度

客户画像需要从营销需求出发,梳理出画像的度量指标。常见的客户画像维度有以下几种。

(1)基本属性,即性别、职业、月收入、有无车等标签,可通过客户注册信息和多维建模获得。

(2)购买能力,即消费水平等标签,通过消费金额、下单频率、消费周期等数据分析建模获得。

(3)行为特征,即活跃程度、购物类型、起居时间等标签,通过分析浏览、点击、下单等数据获得。

（4）社交网络，即社交关系网、公司关系网等标签，通过收货地址、活动地址等信息来判断。

（5）心理特征，即促销敏感度、购物忠诚度等标签，通过代金券使用频率、购买单品类的品牌分布等数据判断。

（6）兴趣爱好，即运动偏好、品牌偏好、颜色偏好等标签，通过购买商品的颜色、品牌等信息判断。

## 五、客户行为分析

客户行为分析的主要内容如下。

### 1．黏性指标

黏性指标数据显示客户平均每天滑动、点击手机的次数、客户手机屏幕亮起时间等。

### 2．活跃指标

毫无疑问，客户愿意了解产品的时间越多，购买产品的可能性越大。图文、视频等是目前最主要的内容呈现形式。客户在内容平台上的停留和使用时间长，则相对活跃。

### 3．产出指标

产出指标在不同形态的商品上有不同的含义。对实物产品，产出指标就是订单数量、客单价等。对信息流产品，产出指标就是广告曝光度，以及广告的点击率和后续的转化率。

## 任务操作：客户画像分析

### 1．客户地域分析

扩展阅读：
AARRR
模型

客户地域分析是从空间角度分析客户的来源，如客户来自哪个国家、哪个省份、哪座城市等。通过客户地域分析，可以明确客户的主要来源地，便于其有针对性地分配产品或开展营销。

选取"客户地域"列，插入数透视表，在"行"和"值"分别设置一次，得到数据透视表（见表6-4），然后生成饼状图（见图6-13）。

表6-4　客户地域数据透视表

| 客户地域 | 计数项：客户来源地域 |
| --- | --- |
| 广东 | 16.33％ |
| 河北 | 4.08％ |
| 河南 | 13.78％ |
| 湖南 | 2.04％ |

续表

| 客户地域 | 计数项：客户来源地域 |
|---|---|
| 青岛 | 25.00％ |
| 陕西 | 3.57％ |
| 四川 | 14.29％ |
| 浙江 | 20.92％ |
| （空白） | 0 |
| 总计 | 100.00％ |

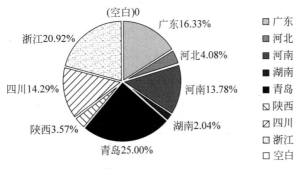

图 6-13　客户地域饼状图

## 2. 客户性别分析

客户的性别不同，产品偏好、行为偏好、购买动机等往往不同。为了更直观地展示客户性别的数据分析结果，需要选中数据透视表（见表 6-5）并生成饼状图（见图 6-14）。

表 6-5　客户性别数据透视表

| 客户性别 | 计数项：客户性别 |
|---|---|
| 不详 | 4.08％ |
| 男 | 16.33％ |
| 女 | 79.59％ |
| （空白） | 0 |
| 总计 | 100.00％ |

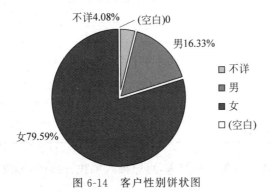

图 6-14　客户性别饼状图

课堂笔记

### 3. 消费层级分析

消费层级是对客户某一时间单位内的花费金额进行分析，通过分析，企业能够了解该时间段内客户的普遍消费能力，并根据客户消费能力调整产品结构。

对产品价格消费层级分组，分组时需要结合产品价格，这里将消费层级依次分为100～200元、200～300元、300～400元、400～500元、500～600元、600～700元、700～800元、800～900元、900～1000元，对应分组下限分别是100、200、300、400、500、600、700、800、900。

完成消费层级分组后，使用“VLOOKUP”函数，首先将B2单元格的价格分配到对应的消费层级中，然后快速完成自动分组，如图6-15所示。

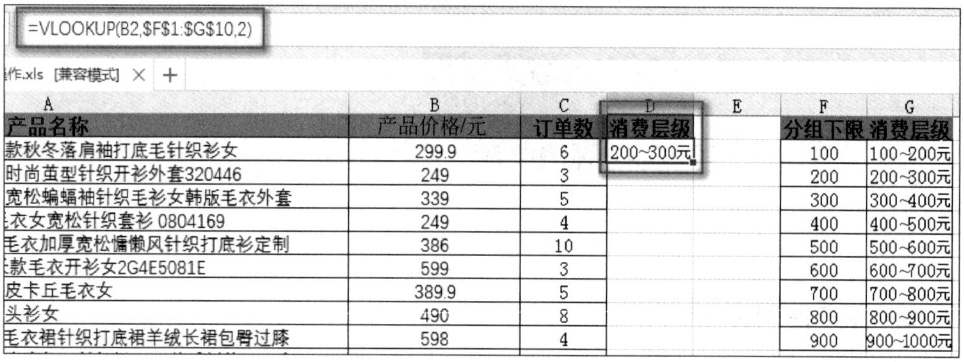


| A 产品名称 | B 产品价格/元 | C 订单数 | D 消费层级 | E | F 分组下限 | G 消费层级 |
|---|---|---|---|---|---|---|
| 款秋冬落肩袖打底毛针织衫女 | 299.9 | 6 | 200~300元 | | 100 | 100~200元 |
| 时尚茧型针织开衫外套320446 | 249 | 3 | | | 200 | 200~300元 |
| 宽松蝙蝠袖针织毛衫女韩版毛衣外套 | 339 | 5 | | | 300 | 300~400元 |
| 衣女宽松针织套衫 0804169 | 249 | 4 | | | 400 | 400~500元 |
| 毛衣加厚宽松慵懒风针织打底衫定制 | 386 | 10 | | | 500 | 500~600元 |
| 款毛衣开衫女2G4E5081E | 599 | 3 | | | 600 | 600~700元 |
| 皮卡丘毛衣女 | 389.9 | 5 | | | 700 | 700~800元 |
| 头衫女 | 490 | 8 | | | 800 | 800~900元 |
| 毛衣裙针织打底裙羊绒长裙包臀过膝 | 598 | 4 | | | 900 | 900~1000元 |

图6-15　消费层级分组

完成自动分组后，制作出每个消费层级中对应客户订单量的透视表，如表6-6所示。

**表6-6　消费层级数据透视表**

| 消费层级/元 | 求和项：订单数 |
|---|---|
| 100～200 | 60 |
| 201～300 | 90 |
| 301～400 | 51 |
| 401～500 | 36 |
| 501～600 | 13 |
| 601～700 | 6 |
| 701～800 | 1 |
| 801～900 | 1 |
| 901～1000 | 1 |
| 总　计 | 259 |

为了更直观的展示数据分析结果，可以插入堆积柱形图，形成客户消费层级分析图，如图6-16所示。

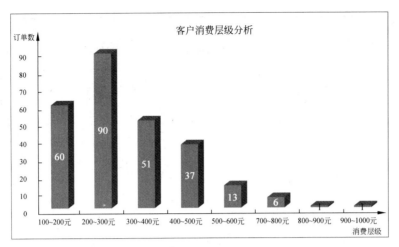

图 6-16　客户消费层级分析图

### 4. 客户年龄段分析

利用数据透视图,可以分析不同地域、不同年龄段客户的销售情况,将"客户年龄"拖动到行,将"客户地域"拖动到列,得到数据透视表,如图 6-17 所示。

| 求和项:销售额(元) | 列标签 | | | | |
|---|---|---|---|---|---|
| 行标签 | 25岁及以下 | 26~35岁 | 36~45岁 | 45岁以上 | 总计 |
| 贵州 | 10254 | 23654 | | 25998 | 59906 |
| 湖南 | 68307 | | | | 68307 |
| 青海 | 14223 | 25632 | | 29887 | 69742 |
| 山西 | 15698 | 50344 | 31888 | 29556 | 127486 |
| 陕西 | 46544 | 93700 | 36247 | 33002 | 209493 |
| 上海 | 75689 | 165651 | 77942 | | 319282 |
| 四川 | 32501 | 60019 | 16988 | | 109508 |
| 西藏 | | 25698 | 10236 | | 35934 |
| 总计 | 263216 | 444698 | 173301 | 118443 | 999658 |

图 6-17　不同地域、不同年龄段数据透视表

### 5. 客户访问时间分析

客户访问时间分析是从时间维度分析客户情况。通过分析,企业能够了解客户访问时间规律,比如哪些时间段是客户访问高峰期,哪些时间段是客户下单高峰期等。在具体分析时,企业可以从不同维度进行客户访问时间分析,如 PC 端客户访问时间分析、移动端客户访问时间分析。

例如,依据某企业某日 PC 端和移动端的访客数据统计表,选中访问时间、访客数对应的区域,插入折线图,可以得到该企业访客时间分布曲线,如图 6-18 所示。通过分析,可以知道客户访问时间的最高峰为 15 点、18 点和 24 点,企业可以选择在该时间段上新产品或投放广告。

### 6. 不同终端客户特征分析

随着移动智能手机的普及和 5G 技术的发展,移动端成为用户购物的主要平台。对不同终端的客户进行分析,有利于企业对各种平台进行针对性的营销,把握推广和营销费用投放的重点板块。

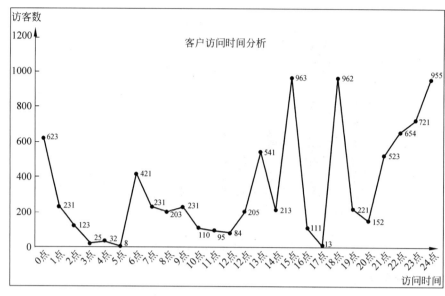

图 6-18　访客时间分布曲线

# 任务评价

| 班　级 | | 姓　名 | | 日　期 | |
|---|---|---|---|---|---|
| 任务名称 | 客户分析 | | | | |
| 知识要点 | 1. 客户分析的概念；<br>2. 客户分析指标与细分模型；<br>3. 客户画像；<br>4. 客户行为分析 | | | | |
| 实践过程记录 | | | | | |
| 一、学习记录 | | | | | |
| 二、反思改进 | | | | | |
| 评分 | 自评(30%) | 互评(40%) | 师评(30%) | 总成绩 | |
| 成绩 | | | | | |
| 评价人 | | | | | |

# 参 考 文 献

[1] 郑文礼,周红刚,钟铿光.管理信息系统原理与应用[M].2版.厦门：厦门大学出版社,2016.

[2] 申星宇.客户关系管理系统的分析与构建[J].中文信息,2019(1)：19.

[3] 吴凌娇.网上创业[M].2版.北京：高等教育出版社,2013.